MASTERTECH INGENIERÍA DE DATOS COM PYTHON E SQL

Construye Pipelines de Datos Escalables

Diego Rodrígues

MASTERTECH
INGENIERÍA DE DATOS
CON PYTHON E SQL
Construye Pipelines de Datos Escalables

Edición 2025
Autor: Diego Rodrígues
estudiod21portoalegre@gmail.com

Publicado por StudioD21.

Nota Importante

Los códigos y scripts presentados en este libro tienen como objetivo principal ilustrar, de forma práctica, los conceptos discutidos a lo largo de los capítulos. Fueron desarrollados para demostrar aplicaciones didácticas en entornos controlados, por lo tanto, pueden requerir adaptaciones para funcionar correctamente en contextos distintos. Es responsabilidad del lector validar las configuraciones específicas de su entorno de desarrollo antes de la implementación práctica.

Más allá de ofrecer soluciones listas, este libro busca fomentar una comprensión sólida de los fundamentos abordados, promoviendo el pensamiento crítico y la autonomía técnica. Los ejemplos presentados deben ser vistos como puntos de partida para que el lector desarrolle sus propias soluciones, originales y adaptadas a las demandas reales de su carrera o proyectos. La verdadera competencia técnica surge de la capacidad de internalizar los principios esenciales y aplicarlos de forma creativa, estratégica y transformadora.

Por tanto, alentamos a cada lector a ir más allá de la simple reproducción de los ejemplos, utilizando este contenido como base para construir códigos y scripts con identidad propia, capaces de generar un impacto significativo en su trayectoria profesional. Ese es el espíritu del conocimiento aplicado: aprender profundamente para innovar con propósito.

Agradecemos la confianza y les deseamos una jornada de estudio productiva e inspiradora.

CONTENIDO

¡SALUDOS!

¡Hola, estimado lector!

Es con gran entusiasmo que le doy la bienvenida a usted, que ha decidido sumergirse en el fascinante universo de la ingeniería de datos con Python y SQL. Esta decisión demuestra no solo su deseo de expandir sus habilidades técnicas, sino también un admirable compromiso con el dominio de herramientas fundamentales para el escenario tecnológico actual.

La ingeniería de datos es más que una práctica técnica; es la base de una era impulsada por la información. Python y SQL, cuando se combinan, forman un dúo poderoso, esencial para arquitectar, gestionar y optimizar flujos de datos en sistemas modernos. Con ellos, usted puede transformar datos en bruto en insights valiosos, construir pipelines escalables y alimentar las decisiones que impulsan negocios e innovaciones.

En este libro encontrará un enfoque didáctico y progresivo que une teoría sólida con práctica aplicada. Cada capítulo fue elaborado para ofrecer desde los conceptos fundamentales hasta las técnicas más avanzadas de construcción y mantenimiento de pipelines de datos. Nuestro objetivo es proporcionar las herramientas y el conocimiento necesarios para que pueda aplicar lo aprendido en escenarios reales y desafiantes.

No importa si usted es un principiante curioso, un estudiante que explora el área o un profesional experimentado en busca de perfeccionar sus habilidades: este libro fue desarrollado para atender todos los niveles de experiencia. En cada página encontrará explicaciones claras, ejemplos prácticos e insights valiosos que facilitarán su jornada de aprendizaje y crecimiento en ingeniería de datos.

Vivimos en un mundo impulsado por datos, y el dominio de Python y SQL es una habilidad indispensable para quien desea destacarse en este entorno en constante evolución. Ya sea para crear pipelines en entornos locales o en la nube, integrar datos en tiempo real o construir soluciones escalables y resilientes, este libro será su aliado en cada etapa del proceso.

Prepárese para una jornada enriquecedora, donde teoría y práctica se entrelazan para capacitarlo a transformar datos en valor. Construyamos juntos un futuro donde usted dominará la ingeniería de datos como una habilidad que conecta tecnologías, optimiza procesos e inspira innovación.

¿Está listo para comenzar su trayectoria como un experto en ingeniería de datos con Python y SQL? ¡Transformemos juntos los desafíos en soluciones!

¡Buena lectura y éxito!

SOBRE EL AUTOR

Diego Rodrigues

Autor Técnico y Investigador Independiente
ORCIDO: https://orcid.org/0009-0006-2178-634X
StudioD21 Contenido tecnológico inteligente y sistemas Intell
Correo electrónico: estudiod21portoalegre@gmail.com
LinkedIn: www.linkedin.com/in/diegoxpertai

Autor técnico internacional (tech writer) con enfoque en producción estructurada de conocimiento aplicado. Es fundador de StudioD21 Smart Tech Content & Intell Systems, donde lidera la creación de frameworks inteligentes y la publicación de libros técnicos didácticos y con soporte por inteligencia artificial, como las series Kali Linux Extreme, SMARTBOOKS D21, entre otras.

Posee 42 certificaciones internacionales emitidas por instituciones como IBM, Google, Microsoft, AWS, Cisco, META, Ec-Council, Palo Alto y la Universidad de Boston, y actúa en los campos de Inteligencia Artificial, Machine Learning, Ciencia de Datos, Big Data, Blockchain, Tecnologías de Conectividad, Ethical Hacking y Threat Intelligence.

Desde 2003, ha desarrollado más de 200 proyectos técnicos para marcas en Brasil, Estados Unidos y México. En 2024, se consolidó como uno de los mayores autores de libros técnicos de la nueva generación, con más de 180 títulos publicados en seis idiomas. Su trabajo se basa en el protocolo propio de escritura técnica aplicada TECHWRITE 2.2, orientado a la escalabilidad, precisión conceptual y aplicabilidad práctica en entornos profesionales.

PRESENTACIÓN DEL LIBRO

¡Bienvenido a esta jornada esencial en el universo de la ingeniería de datos! Nos alegra mucho que haya elegido explorar esta guía técnica, que combina de forma práctica y accesible las principales herramientas para dominar la construcción de pipelines de datos escalables utilizando Python y SQL.

Vivimos en una era donde los datos son la columna vertebral de la innovación y de la toma de decisiones en todos los sectores. Desde empresas multinacionales hasta startups emergentes, el éxito depende de cómo se recolectan, procesan y transforman los datos en insights. Python y SQL, juntos, forman uno de los pilares más sólidos de la ingeniería de datos, permitiendo desde una manipulación eficiente hasta la construcción de sistemas complejos que escalan conforme crecen las demandas.

Este libro es más que una guía técnica; es un recurso estratégico para quien desea destacarse en un mercado competitivo y en constante transformación. Fue diseñado para atender a estudiantes, profesionales principiantes e incluso ingenieros de datos experimentados que buscan actualizar sus conocimientos con las técnicas más actuales. Aquí encontrará un aprendizaje progresivo, desde los fundamentos hasta los temas más avanzados, presentados de manera clara y didáctica.

¿Por qué este libro es indispensable?

La ingeniería de datos no se trata solo de manipular información, sino de comprender el flujo de datos de extremo a extremo y crear sistemas que resistan la prueba del tiempo.

La capacidad de dominar estos conceptos y herramientas puede ser el diferencial que impulse su carrera o garantice el éxito de proyectos ambiciosos. Este libro aborda todo lo que necesita saber, explicando en detalle cómo cada componente se conecta con el todo.

Ahora, exploremos lo que encontrará en cada capítulo:

CAPÍTULO 1. Introducción a la Ingeniería de Datos

Este capítulo establece la base para el resto del libro, explicando qué es la ingeniería de datos y por qué es fundamental en el mundo moderno. Aprenderá sobre el rol de los ingenieros de datos, los conceptos clave y la relevancia de los pipelines de datos en un entorno dominado por la información digital.

CAPÍTULO 2. Python y SQL en el Contexto de la Ingeniería de Datos

Python y SQL son herramientas indispensables para ingenieros de datos. Aquí, discutimos cómo estos lenguajes se complementan, permitiendo desde manipulaciones simples hasta integraciones complejas de datos. Verá ejemplos de aplicaciones prácticas que demuestran la versatilidad de estas tecnologías.

CAPÍTULO 3. Fundamentos de Bases de Datos Relacionales y No Relacionales

En este capítulo, abordaremos los fundamentos de las bases de datos, explicando las diferencias entre los modelos relacional y no relacional. Comprenderá cuándo utilizar cada tipo, explorando casos de uso y las mejores prácticas para una arquitectura de datos eficiente.

CAPÍTULO 4. Estructuras de Datos y Algoritmos para

Ingeniería de Datos

La base para el procesamiento eficiente de datos comienza con una buena comprensión de estructuras y algoritmos. Este capítulo cubre los principales tipos de estructuras de datos, como arrays, listas y árboles, y cómo aplicar algoritmos optimizados en el contexto de la ingeniería de datos.

CAPÍTULO 5. Modelado de Datos

Aquí, aprenderá cómo diseñar esquemas de bases de datos que sean eficientes y escalables. Exploraremos las técnicas más importantes para el modelado de datos, incluyendo normalización, desnormalización y diseño orientado a consultas.

CAPÍTULO 6. Introducción a ETL (Extract, Transform, Load)

Este capítulo presenta el concepto de ETL, esencial para integrar datos de diversas fuentes. Verá cómo extraer información, transformarla para adaptarse al objetivo y cargarla en sistemas optimizados para análisis.

CAPÍTULO 7. Automatización de Pipelines de Datos con Python

Python se destaca por su capacidad para automatizar procesos complejos. En este capítulo, exploraremos cómo crear pipelines automatizados utilizando frameworks como Apache Airflow, garantizando eficiencia y reproducibilidad.

CAPÍTULO 8. Consultas Avanzadas en SQL

SQL es un lenguaje poderoso, y dominar sus funcionalidades avanzadas es crucial. Este capítulo enseña técnicas como subconsultas, joins complejos y manipulaciones avanzadas que incrementan la eficiencia de las consultas.

CAPÍTULO 9. Integración de Datos en Entornos Híbridos

Muchos sistemas modernos operan en entornos híbridos, combinando bases de datos locales y en la nube. Aquí, aprenderá a integrar estos sistemas de forma armoniosa y eficaz.

CAPÍTULO 10. Trabajando con Datos en Tiempo Real

Los datos en tiempo real están volviéndose cada vez más relevantes. Este capítulo aborda las herramientas y estrategias para trabajar con streaming de datos, garantizando actualizaciones instantáneas y decisiones rápidas.

CAPÍTULO 11. Data Warehousing

Los data warehouses son esenciales para análisis históricos y a gran escala. Aprenderá a diseñar e implementar data warehouses, aprovechando al máximo su potencial.

CAPÍTULO 12. Monitoreo y Optimización de Pipelines

En este capítulo, exploramos cómo monitorear la salud de los pipelines e identificar cuellos de botella en el rendimiento. También se discuten técnicas de optimización para asegurar eficiencia continua.

CAPÍTULO 13. Seguridad y Gobernanza de Datos

La seguridad y la gobernanza son pilares de la ingeniería de datos. Comprenderá cómo proteger datos sensibles, garantizar el cumplimiento normativo e implementar políticas de acceso eficaces.

CAPÍTULO 14. Ingeniería de Datos en Entornos de Big Data

Al trabajar con grandes volúmenes de datos, herramientas como Hadoop y Spark son indispensables. Este capítulo presenta cómo utilizar estas tecnologías para procesar datos a escala masiva.

CAPÍTULO 15. Integración con APIs y Web Services
Las APIs son el puente para acceder a datos externos. Aprenda a consumir e integrar esta información en sus pipelines de forma eficiente.

CAPÍTULO 16. Machine Learning e Ingeniería de Datos
La conexión entre ingeniería de datos y aprendizaje automático es crucial. Este capítulo aborda cómo preparar datos para modelos de machine learning e integrar los resultados en sus sistemas.

CAPÍTULO 17. Pruebas Automatizadas en Pipelines de Datos
La confiabilidad es esencial. Aquí, aprenderá cómo implementar pruebas automatizadas para garantizar que sus pipelines funcionen como se espera.

CAPÍTULO 18. CI/CD para Ingeniería de Datos
Automatizar despliegues de pipelines es una práctica moderna y eficiente. Este capítulo explora cómo aplicar prácticas de CI/CD en la ingeniería de datos.

CAPÍTULO 19. Arquitectura de Datos en la Nube
La nube es un componente clave en soluciones escalables. Aprenda a diseñar pipelines optimizados para entornos como AWS y Google Cloud.

CAPÍTULO 20. Introducción a DataOps
DataOps es un enfoque moderno que une prácticas de DevOps con la gestión de datos. Descubra cómo implementarlo en sus

proyectos.

CAPÍTULO 21. Trabajando con Data Lakes

Este capítulo explora cómo organizar y acceder a datos no estructurados en data lakes, maximizando su valor.

CAPÍTULO 22. Rendimiento y Escalabilidad de Consultas SQL

Optimizar consultas SQL es esencial para sistemas grandes. Este capítulo enseña cómo ajustar y escalar consultas para mejorar el rendimiento.

CAPÍTULO 23. Visualización de Datos para Ingeniería

Visualizar los resultados de sus análisis es tan importante como procesarlos. Descubra herramientas y técnicas para crear dashboards eficaces.

CAPÍTULO 24. Desafíos y Tendencias en la Ingeniería de Datos

La ingeniería de datos está en constante evolución. Aquí, discutimos los desafíos actuales y las tendencias que moldearán el futuro.

CAPÍTULO 25. Estudio de Caso Completo

Finalmente, consolidamos el aprendizaje con un estudio de caso completo, donde verá cómo construir un pipeline completo de principio a fin.

¿Por qué seguir esta jornada?

Cada capítulo de este libro fue pensado para equiparlo con las habilidades necesarias para enfrentar desafíos reales. La aplicación práctica de conceptos teóricos, aliada a técnicas modernas, lo convertirá en un profesional indispensable en un mercado en constante transformación.

Prepárese para aprender, aplicar y destacarse. Este es el inicio de una jornada transformadora, y estamos entusiasmados de formar parte de ella con usted. ¡Comencemos!

CAPÍTULO 1. INTRODUCCIÓN A LA INGENIERÍA DE DATOS

La ingeniería de datos es una de las disciplinas más estratégicas dentro del universo de la tecnología de la información. Su relevancia crece exponencialmente a medida que el volumen de datos generados por sistemas, aplicaciones y dispositivos aumenta de manera acelerada. La capacidad de lidiar con esta abundancia de información, organizarla, procesarla y transformarla en recursos útiles es lo que diferencia a la ingeniería de datos de otras áreas relacionadas con la ciencia de la información. Es la base que sustenta el análisis, el aprendizaje automático, los sistemas de inteligencia artificial y la toma de decisiones fundamentadas en datos.

La ingeniería de datos se destaca por la amplitud y complejidad de sus aplicaciones. Abarca desde la recolección y almacenamiento de datos hasta la creación de pipelines que integran y procesan información de manera eficiente. A través de tecnologías como Python y SQL, los ingenieros de datos logran transformar datos brutos en activos estratégicos para empresas, universidades, organismos gubernamentales e incluso para investigaciones científicas.

Dominar la ingeniería de datos exige comprender no solo los conceptos básicos, sino también las herramientas y procesos que la hacen práctica y eficiente. La importancia del área radica en su capacidad para resolver problemas reales de manera escalable, segura y automatizada. También conecta directamente la recolección y el almacenamiento de datos con el desarrollo de modelos analíticos y predictivos. Esa conexión es la base de muchas de las innovaciones que moldean el mundo contemporáneo.

El avance de la tecnología ha traído desafíos cada vez más complejos. Las organizaciones enfrentan dificultades para gestionar flujos de datos que crecen constantemente en volumen, variedad y velocidad. Es ahí donde la ingeniería de datos cobra relevancia: al proponer soluciones técnicas y arquitectónicas que garantizan que los datos fluyan de manera eficiente y organizada. Desde la integración de APIs hasta la construcción de sistemas que procesan datos en tiempo real, el campo exige habilidades técnicas sólidas y una mentalidad orientada a la resolución de problemas.

Una de las áreas centrales de la ingeniería de datos es el desarrollo de pipelines de datos, que son conjuntos de procesos automatizados diseñados para extraer, transformar y cargar datos en sistemas de almacenamiento o análisis. Estos pipelines garantizan que la información proveniente de fuentes distintas sea integrada y preparada para su uso analítico u operativo. También ayudan a evitar inconsistencias, duplicaciones o errores, garantizando que los datos estén en un formato adecuado para ser consumidos por otros sistemas.

Los pipelines de datos son fundamentales en diversos sectores. En logística, ayudan a rastrear y predecir entregas con base en flujos de datos en tiempo real. En salud, integran registros médicos electrónicos para mejorar diagnósticos y tratamientos. En el comercio electrónico, permiten personalizar experiencias de compra con base en preferencias y comportamientos del consumidor. Estos son solo algunos de los numerosos ejemplos que demuestran cómo la ingeniería de datos puede generar un impacto significativo en varias áreas.

En el contexto de la tecnología moderna, Python y SQL se destacan como lenguajes indispensables para los ingenieros de datos. Python es ampliamente utilizado debido a su simplicidad y versatilidad. Permite automatización, análisis y manipulación de grandes volúmenes de datos, además de ser compatible con una vasta gama de bibliotecas específicas para ingeniería de datos, como Pandas, NumPy y PySpark. Por otro lado, SQL es la base para la manipulación y consulta de bases de datos, siendo esencial para extraer información relevante de grandes conjuntos de datos estructurados.

La combinación de Python y SQL hace posible resolver problemas de manera eficiente y escalable. Por ejemplo, un ingeniero puede utilizar SQL para consultar una base de datos y extraer un subconjunto de información relevante, procesando los resultados con Python para generar reportes detallados o alimentar un modelo predictivo. Esta sinergia entre ambas herramientas permite desarrollar soluciones personalizadas para los desafíos que surgen en el día a día de empresas y organizaciones.

Además de las herramientas y lenguajes, la ingeniería de datos implica una serie de buenas prácticas y principios que deben aplicarse para garantizar la calidad y la integridad de la información. La gobernanza de datos, por ejemplo, es un aspecto crucial, ya que establece directrices para la gestión segura y ética de los datos. Esto incluye garantizar el cumplimiento de normativas como la Ley General de Protección de Datos (LGPD) y el Reglamento General de Protección de Datos (GDPR).

La seguridad de datos es otro pilar esencial. Proteger información sensible contra accesos no autorizados y ataques cibernéticos es una responsabilidad central de los ingenieros de datos. Esto es especialmente crítico en sectores como salud, finanzas y gobiernos, donde las fugas de datos pueden tener consecuencias severas. Técnicas como encriptación, autenticación robusta y monitoreo constante de los sistemas son implementadas frecuentemente para reducir riesgos y aumentar la confianza en los procesos.

Los ingenieros de datos también deben lidiar con la escalabilidad, es decir, la capacidad de los sistemas para soportar aumentos en el volumen de datos sin pérdida significativa de rendimiento. Esto implica diseñar arquitecturas que sean flexibles y adaptables, aprovechando recursos como computación en la nube y bases de datos distribuidas. Un pipeline escalable puede integrar miles de registros por segundo, garantizando que organizaciones de todos los tamaños sean capaces de acompañar las demandas crecientes del mercado.

Una característica única de la ingeniería de datos es su intersección con otras disciplinas. No opera de manera aislada, sino que colabora con equipos de ciencia de datos, análisis de negocios, desarrollo de software y operaciones de TI. Esta colaboración es fundamental para alinear los procesos técnicos con los objetivos estratégicos de las organizaciones. Por ejemplo, mientras un científico de datos diseña modelos predictivos, el ingeniero de datos garantiza que el flujo de información necesario para entrenar e implementar esos modelos funcione de manera eficiente.

La introducción de tecnologías de aprendizaje automático e inteligencia artificial en el flujo de trabajo de ingeniería de datos ha creado nuevas posibilidades y desafíos. Hoy en día, muchos pipelines de datos incluyen etapas específicas para preparar datos para el entrenamiento de modelos, como normalización, imputación de valores ausentes y creación de nuevas features. Además, los ingenieros de datos implementan con frecuencia mecanismos para monitorear y validar la precisión de modelos en producción, asegurando que permanezcan relevantes y confiables a lo largo del tiempo.

La adopción de prácticas ágiles y metodologías como DataOps también ha ganado protagonismo. Inspirado en DevOps, el enfoque DataOps aplica principios de integración continua y entrega continua a la ingeniería de datos, permitiendo que los equipos desarrollen y actualicen pipelines de forma más rápida y colaborativa. Esto ayuda a reducir el tiempo entre la recolección de datos y la generación de valor, un factor crucial en ambientes competitivos.

Un ejemplo práctico de la aplicación de la ingeniería de datos puede observarse en el sector de transporte público. Para optimizar rutas y mejorar la experiencia de los usuarios, las empresas utilizan sensores en vehículos y estaciones para recolectar datos en tiempo real sobre tráfico, retrasos y capacidad de los vehículos. Estos datos son entonces integrados en un pipeline que analiza los patrones de uso y proporciona recomendaciones sobre ajustes en las rutas u horarios, beneficiando tanto a los operadores como a los pasajeros.

En resumen, la ingeniería de datos es el núcleo de la transformación digital. Conecta el potencial bruto de los datos con su aplicación práctica, permitiendo que las organizaciones tomen decisiones más informadas, creen innovaciones significativas y enfrenten los desafíos de un mundo orientado por la información. Para los profesionales que buscan una carrera desafiante y gratificante, o para las empresas que desean maximizar el valor de sus datos, la ingeniería de datos ofrece las herramientas y estrategias necesarias para alcanzar esos objetivos.

Este es solo el inicio de una fascinante jornada. A partir de este punto, vamos a explorar en detalle las técnicas, herramientas y prácticas que hacen de la ingeniería de dados una disciplina tan vital y transformadora. Prepárese para desarrollar habilidades técnicas sólidas y aplicables, mientras descubre cómo los datos pueden ser el motor del progreso en todas las áreas de la sociedad.

CAPÍTULO 2. PYTHON Y SQL EN EL CONTEXTO DE LA INGENIERÍA DE DATOS

La integración de Python y SQL representa una de las combinaciones más eficaces y ampliamente utilizadas en la ingeniería de datos. Estos dos pilares tecnológicos ofrecen un enfoque integral para la manipulación, el análisis y el procesamiento de datos, siendo herramientas esenciales para cualquier profesional del área. Mientras que SQL se destaca en la gestión y consulta de datos en bases de datos relacionales, Python complementa esas capacidades con su flexibilidad para la automatización, el análisis avanzado y la integración con bibliotecas específicas.

SQL, Structured Query Language, fue diseñado para interactuar con bases de datos relacionales, permitiendo almacenar, recuperar y manipular datos de manera eficiente. Su sintaxis declarativa simplifica la creación de consultas que extraen información específica de grandes conjuntos de datos. Por su parte, Python, con su lenguaje orientado a objetos y vasto ecosistema de bibliotecas, es ideal para procesar y transformar los datos extraídos, generando insights y resultados que pueden ser utilizados en diversos contextos.

La interacción entre Python y SQL es particularmente ventajosa cuando se trata de construir pipelines de datos escalables. Python puede ser utilizado para automatizar la ejecución de consultas SQL, procesar los resultados e integrarlos en flujos continuos de datos. Esto elimina la necesidad de intervención manual, optimizando los procesos y garantizando consistencia en los resultados.

Una aplicación común de esta integración es la construcción de sistemas que analizan datos transaccionales en tiempo real. Una base de datos SQL puede almacenar registros de transacciones, mientras Python procesa esta información para identificar tendencias, detectar anomalías o generar informes personalizados. El uso combinado permite un enfoque eficiente y adaptable para tratar con datos dinámicos y complejos.

En el mundo moderno de la ingeniería de datos, la necesidad de trabajar con datos provenientes de diversas fuentes exige herramientas que puedan adaptarse fácilmente a diferentes entornos. Python y SQL juntos responden perfectamente a esta demanda. Un ingeniero de datos puede usar SQL para acceder a una base de datos relacional y Python para conectar APIs externas, combinando datos estructurados y no estructurados en un pipeline cohesivo.

A continuación, se muestra un ejemplo de cómo Python puede ser utilizado para interactuar con una base de datos SQL. La biblioteca sqlite3 se utiliza para demostrar la simplicidad con la que ambas tecnologías pueden integrarse.

python

```python
import sqlite3


# Creando una conexión con la base de datos
connection = sqlite3.connect('database.db')


# Creando un cursor para ejecutar comandos SQL
cursor = connection.cursor()
```

```python
# Creando una tabla
cursor.execute('''
CREATE TABLE IF NOT EXISTS sales (
    id INTEGER PRIMARY KEY,
    product_name TEXT,
    quantity INTEGER,
    price REAL
)
''')

# Insertando datos en la tabla
cursor.execute('''
INSERT INTO sales (product_name, quantity, price)
VALUES ('Widget', 10, 19.99)
''')

# Commit para guardar los cambios
connection.commit()

# Realizando una consulta
cursor.execute('SELECT * FROM sales')
rows = cursor.fetchall()

# Iterando sobre los resultados
```

```python
for row in rows:
    print(row)


# Cerrando la conexión
connection.close()
```

El código anterior demuestra cómo crear una tabla, insertar datos y recuperarlos utilizando Python y SQL. La tabla sales almacena información de ventas, y las operaciones son ejecutadas de manera eficiente mediante la integración de ambas herramientas.

Además de SQLite, Python admite varias otras bibliotecas para conectarse a bases de datos, como pymysql para MySQL, psycopg2 para PostgreSQL y cx_Oracle para Oracle. Cada biblioteca ofrece métodos específicos para interactuar con los respectivos sistemas de gestión de bases de datos, permitiendo que los ingenieros de datos elijan la solución más adecuada a sus necesidades.

SQL se utiliza con frecuencia para consultas que extraen información específica de una base de datos. Por ejemplo, para calcular el ingreso total generado por producto, se puede usar la siguiente consulta SQL:

```sql
SELECT product_name, SUM(quantity * price) AS total_revenue
FROM sales
GROUP BY product_name;
```

Python puede ser utilizado para ejecutar esta consulta dinámicamente y procesar los resultados para análisis o visualización posterior. Vea cómo puede hacerse utilizando la biblioteca sqlite3:

python

```python
import sqlite3

# Conectando a la base de datos
connection = sqlite3.connect('database.db')
cursor = connection.cursor()

# Ejecutando la consulta SQL
query = '''
SELECT product_name, SUM(quantity * price) AS total_revenue
FROM sales
GROUP BY product_name
'''
cursor.execute(query)

# Recuperando y procesando los resultados
results = cursor.fetchall()
for product, revenue in results:
    print(f'Product: {product}, Total Revenue: ${revenue:.2f}')

# Cerrando la conexión
connection.close()
```

La ejecución de consultas SQL directamente en Python simplifica la integración entre los datos almacenados y los procesos analíticos. Además, Python ofrece bibliotecas como Pandas, que hacen que el procesamiento y análisis de datos sea aún más poderoso. Una vez recuperados los datos de una consulta SQL, estos pueden ser cargados en un DataFrame para su manipulación adicional.

A continuación, un ejemplo de uso de la biblioteca Pandas para cargar los datos directamente desde una consulta SQL y generar un informe con estadísticas resumidas:

python

```python
import sqlite3
import pandas as pd


# Conectando a la base de datos
connection = sqlite3.connect('database.db')


# Cargando los datos en un DataFrame
query = 'SELECT * FROM sales'
df = pd.read_sql_query(query, connection)


# Analizando los datos
print(df.describe())
print(df.groupby('product_name')['quantity'].sum())


# Cerrando la conexión
```

```
connection.close()
```

En este código, los datos son transferidos desde la base de datos hacia un DataFrame de Pandas. Esto permite realizar operaciones más complejas, como agregaciones, filtrados y visualizaciones, con mayor eficiencia. Por ejemplo, es posible generar gráficos que destaquen tendencias o insights importantes.

La interacción entre Python y SQL también es útil en pipelines de ETL (Extract, Transform, Load). Un ejemplo práctico sería extraer datos de una base relacional, realizar transformaciones en Python y cargarlos en otro sistema para análisis posterior. El siguiente código demuestra cómo puede hacerse:

python

```python
import sqlite3
import pandas as pd


# Conexión con la base de origen
source_connection = sqlite3.connect('source.db')
source_query = 'SELECT * FROM raw_data'
raw_data = pd.read_sql_query(source_query,
source_connection)


# Transformación de los datos
raw_data['price'] = raw_data['price'] * 1.1  # Ajustando precios
con un aumento del 10%
raw_data['quantity'] = raw_data['quantity'].fillna(0)  #
Sustituyendo valores nulos por cero
```

```
# Conexión con la base de destino
destination_connection = sqlite3.connect('destination.db')
raw_data.to_sql('processed_data', destination_connection,
if_exists='replace', index=False)


# Cerrando las conexiones
source_connection.close()
destination_connection.close()
```

Este pipeline automatizado permite mover datos de un sistema a otro mientras se realizan transformaciones, como ajustes en valores o el llenado de vacíos. Esto demuestra la eficiencia del uso combinado de Python y SQL para construir flujos de datos que cumplen con requisitos específicos.

Otro aspecto importante de la integración entre Python y SQL es su aplicabilidad en sistemas distribuidos y en la nube. Bibliotecas como sqlalchemy permiten conexiones eficientes con bases de datos alojadas en plataformas como Amazon RDS, Google Cloud SQL o Microsoft Azure SQL Database.

CAPÍTULO 3. FUNDAMENTOS DE BASES DE DATOS RELACIONALES Y NO RELACIONALES

La elección entre bases de datos relacionales y no relacionales es una decisión estratégica en la ingeniería de datos, influenciada por el tipo de aplicación, la naturaleza de los datos y los requisitos del sistema. Las bases de datos relacionales y no relacionales difieren fundamentalmente en cómo estructuran, almacenan y acceden a la información, pero ambas desempeñan roles críticos en el escenario moderno de procesamiento de datos.

Las bases de datos relacionales (RDBMS) siguen un enfoque estructurado, basado en tablas. Cada tabla está compuesta por filas y columnas, representando registros y atributos, respectivamente. Utilizan el lenguaje SQL para manipulación y consulta, siendo ampliamente adoptadas en aplicaciones que exigen integridad, consistencia y soporte a transacciones. Ejemplos incluyen MySQL, PostgreSQL y Oracle Database.

Las bases de datos no relacionales (NoSQL) tienen un enfoque flexible para el almacenamiento, con modelos como documentos, pares clave-valor, grafos y columnas amplias. Están diseñadas para manejar grandes volúmenes de datos no estructurados o semiestructurados, ofreciendo escalabilidad horizontal y alto rendimiento. Ejemplos incluyen MongoDB, Cassandra, Redis y Neo4j.

La arquitectura de una base relacional es ideal para situaciones en las que los datos siguen una estructura fija. Por ejemplo, en un sistema de gestión de pedidos, tablas como customers, orders y products pueden estar relacionadas por claves primarias y foráneas. SQL proporciona una manera poderosa de realizar consultas complejas para analizar esas relaciones.

sql

```sql
SELECT c.name, o.order_date, p.product_name, o.quantity
FROM customers c
JOIN orders o ON c.customer_id = o.customer_id
JOIN products p ON o.product_id = p.product_id
WHERE c.name = 'John Doe';
```

Esta consulta retorna información detallada sobre los pedidos realizados por un cliente específico. La capacidad de unir tablas es una de las mayores ventajas de las bases relacionales, pues permite representar relaciones complejas de manera eficiente.

Por otro lado, bases no relacionales como MongoDB almacenan datos en formato de documentos JSON o BSON, permitiendo que cada documento tenga una estructura flexible. Esto es particularmente útil para datos que varían en estructura o para sistemas que requieren iteración rápida de esquemas. Un ejemplo de documento en MongoDB para un pedido podría ser:

json

```json
{
    "order_id": 12345,
    "customer_name": "John Doe",
    "order_date": "2024-01-01",
    "items": [
        {
            "product_name": "Widget",
```

```
      "quantity": 2,
      "price": 19.99
    },
    {

      "product_name": "Gadget",
      "quantity": 1,
      "price": 29.99
    }
  ],
  "total": 69.97
}
```

La flexibilidad en el diseño permite almacenar datos anidados y complejos sin necesidad de normalización. Las consultas pueden realizarse directamente en los documentos con el MongoDB Query Language (MQL):

javascript

```javascript
db.orders.find({
  customer_name: "John Doe"
});
```

Las bases relacionales son conocidas por adherirse al modelo ACID (Atomicidad, Consistencia, Aislamiento, Durabilidad), garantizando que las transacciones sean confiables incluso en escenarios de fallo. Esto las hace ideales para sistemas financieros o aplicaciones donde la precisión y la consistencia son cruciales.

Las bases no relacionales, por su parte, suelen seguir el modelo BASE (Básicamente Disponible, Estado Suave y Eventualmente Consistente). Priorizan la disponibilidad y la escalabilidad en detrimento de la consistencia inmediata, siendo más adecuadas para sistemas distribuidos a gran escala, como plataformas de redes sociales y comercio electrónico.

La elección entre una base relacional y una no relacional también depende del volumen y la velocidad de los datos. Las bases relacionales generalmente escalan verticalmente, aumentando la capacidad del hardware de un único servidor. Las bases no relacionales escalan horizontalmente, añadiendo más servidores para manejar volúmenes crecientes de datos.

Para integrar las ventajas de ambos mundos, muchas aplicaciones adoptan un enfoque híbrido. Un ejemplo sería usar una base relacional para almacenar datos críticos y consistentes, como información de usuarios, y una base no relacional para logs de eventos o datos analíticos en tiempo real.

El siguiente código Python demuestra cómo interactuar con una base relacional usando psycopg2 para PostgreSQL:

python

```python
import psycopg2


connection = psycopg2.connect(
    dbname="ecommerce",
    user="admin",
    password="securepassword",
    host="localhost",
    port="5432"
)
```

```
cursor = connection.cursor()

cursor.execute('''
SELECT customer_id, SUM(total) AS total_spent
FROM orders
GROUP BY customer_id
ORDER BY total_spent DESC
LIMIT 5;
''')

top_customers = cursor.fetchall()
for customer in top_customers:
    print(f"Customer ID: {customer[0]}, Total Spent:
{customer[1]:.2f}")

connection.close()
```

Este código se conecta a una base de datos PostgreSQL, ejecuta una consulta SQL para identificar los principales clientes por volumen de gastos y muestra los resultados.

Para interactuar con una base no relacional como MongoDB, puede utilizarse la biblioteca pymongo. El siguiente código muestra cómo consultar datos almacenados en formato de documento:

python

```python
from pymongo import MongoClient

client = MongoClient("mongodb://localhost:27017/")
db = client["ecommerce"]
orders = db["orders"]

pipeline = [
    {"$unwind": "$items"},
    {"$group": {
        "_id": "$items.product_name",
        "total_sales": {"$sum": "$items.quantity"}
    }},
    {"$sort": {"total_sales": -1}},
    {"$limit": 5}
]

top_products = orders.aggregate(pipeline)
for product in top_products:
    print(f"Product: {product['_id']}, Total Sales: {product['total_sales']}")
```

Este código identifica los productos más vendidos en una base de datos MongoDB. Utiliza la funcionalidad de agregación para procesar y calcular información directamente en la base, demostrando la eficiencia de operaciones complejas en bases no relacionales.

La arquitectura de sistemas modernos combina con frecuencia bases relacionales y no relacionales para atender a diferentes requisitos. Por ejemplo, una aplicación de e-commerce puede usar una base relacional para información de clientes y pedidos, mientras almacena logs de navegación y preferencias de usuarios en una base no relacional.

La elección de la tecnología debe siempre considerar factores como consistencia, escalabilidad, flexibilidad y rendimiento. Las bases relacionales ofrecen confiabilidad y precisión, mientras que las bases no relacionales son ideales para situaciones donde los datos varían en estructura o donde el volumen y la velocidad son prioridades.

Con la evolución constante de las tecnologías, tanto las bases relacionales como las no relacionales continúan adaptándose para satisfacer las crecientes necesidades de almacenamiento y procesamiento de datos. La ingeniería de datos se beneficia directamente de esta diversidad, ofreciendo a los profesionales herramientas poderosas para construir sistemas eficientes y resilientes.

CAPÍTULO 4. ESTRUCTURAS DE DATOS Y ALGORITMOS PARA INGENIERÍA DE DATOS

La eficiencia en la manipulación y el procesamiento de datos depende directamente de la elección adecuada de estructuras de datos y algoritmos. En ingeniería de datos, estas elecciones afectan el rendimiento de los pipelines, la escalabilidad de los sistemas y la calidad de las soluciones implementadas. Dominar estas técnicas es esencial para enfrentar los desafíos impuestos por el volumen creciente de información y la complejidad de las demandas analíticas.

Las estructuras de datos son los bloques fundamentales que organizan y almacenan información de forma que pueda ser accedida y manipulada eficientemente. Los algoritmos, por su parte, son secuencias de pasos lógicos que utilizan estas estructuras para realizar tareas específicas, como búsqueda, ordenamiento y agregación.

La elección de la estructura de datos correcta depende del tipo de operación que se realizará con mayor frecuencia. Arrays y listas son útiles para acceso secuencial y manipulaciones simples, mientras que árboles y grafos son más adecuados para representar jerarquías o conexiones complejas. Pilas y colas ofrecen soluciones para procesamiento ordenado, y las tablas hash permiten accesos rápidos basados en claves.

Arrays y Listas

Los arrays son estructuras de datos que almacenan elementos de tamaño fijo en ubicaciones contiguas de memoria. Permiten acceso eficiente por índice, pero tienen limitaciones en operaciones como inserción y eliminación, especialmente en grandes volúmenes de datos.

Una lista es una implementación dinámica que supera algunas limitaciones de los arrays, permitiendo redimensionamiento automático y facilitando operaciones de inserción y eliminación en posiciones arbitrarias. La lista en Python es una estructura altamente flexible, implementada como un array dinámico.

python

```python
# Creación y manipulación de una lista en Python
data = [10, 20, 30, 40, 50]


# Acceso por índice
print(data[2])  # Salida: 30


# Agregando elementos
data.append(60)


# Eliminando elementos
data.remove(30)


# Iterando sobre los elementos
for value in data:
    print(value)
```

Las listas son frecuentemente utilizadas en pipelines de datos para almacenar registros temporales u organizar información extraída de diferentes fuentes.

Pilas y Colas

Las pilas son estructuras de datos basadas en el principio LIFO (Last In, First Out), donde el último elemento agregado es el primero en ser removido. Son útiles en situaciones como reversión de cadenas, evaluación de expresiones y manejo de llamadas recursivas.

python

```python
# Implementación de una pila usando lista
stack = []


# Agregando elementos
stack.append(1)
stack.append(2)
stack.append(3)


# Removiendo el último elemento
print(stack.pop()) # Salida: 3
```

Las colas siguen el principio FIFO (First In, First Out), donde el primer elemento insertado es el primero en ser removido. Se usan ampliamente en sistemas de procesamiento por lotes o colas de mensajes.

python

```python
from collections import deque

# Implementación de una cola usando deque
queue = deque()

# Agregando elementos
queue.append(1)
queue.append(2)
queue.append(3)

# Removiendo el primer elemento
print(queue.popleft())  # Salida: 1
```

Ambas estructuras tienen aplicaciones en procesamiento asíncrono, algoritmos de búsqueda en anchura y sistemas de encolado de tareas.

Tablas Hash

Las tablas hash se utilizan para almacenar pares clave-valor, permitiendo búsquedas rápidas con complejidad cercana a O(1). Son implementadas en Python como diccionarios.

python

```python
# Creando una tabla hash
hash_table = {}
```

```python
# Insertando pares clave-valor
hash_table['name'] = 'Alice'
hash_table['age'] = 30


# Accediendo a valores por clave
print(hash_table['name'])  # Salida: Alice


# Verificando si una clave existe
if 'age' in hash_table:
    print("Age is present")
```

Las tablas hash son ideales para indexación, almacenamiento en caché y conteo de frecuencias en grandes conjuntos de datos.

Árboles

Los árboles son estructuras jerárquicas compuestas por nodos, donde cada nodo contiene un valor y referencias a otros nodos (hijos). Los árboles binarios y árboles de búsqueda binaria son variaciones comunes, usadas para representar relaciones jerárquicas u ordenar información.

python

```python
class Node:
    def __init__(self, value):
        self.value = value
        self.left = None
```

```python
        self.right = None


# Creando un árbol binario
root = Node(10)
root.left = Node(5)
root.right = Node(15)


# Recorrido en orden
def inorder_traversal(node):
    if node:
        inorder_traversal(node.left)
        print(node.value)
        inorder_traversal(node.right)


inorder_traversal(root)
```

Los árboles tienen aplicaciones en sistemas de archivos, bases de datos y algoritmos como compresión de datos y búsqueda eficiente.

Grafos

Los grafos son estructuras que consisten en nodos (vértices) conectados por aristas. Pueden ser dirigidos o no, ponderados o no, y son útiles para modelar redes, como rutas, redes sociales o sistemas de transporte.

python

```python
# Representación de un grafo usando lista de adyacencia
graph = {
    'A': ['B', 'C'],
    'B': ['A', 'D'],
    'C': ['A', 'D'],
    'D': ['B', 'C']
}


# Búsqueda en profundidad
def dfs(graph, node, visited=set()):
    if node not in visited:
        print(node)
        visited.add(node)
        for neighbor in graph[node]:
            dfs(graph, neighbor, visited)


dfs(graph, 'A')
```

Los grafos son utilizados en algoritmos de búsqueda de caminos, como Dijkstra, y en sistemas de recomendación.

Algoritmos de Ordenamiento y Búsqueda

El ordenamiento es una operación fundamental en ingeniería de datos. Algoritmos como Bubble Sort, Merge Sort y Quick Sort tienen diferentes características de rendimiento y se utilizan dependiendo del tamaño y la naturaleza de los datos.

python

```python
# Implementación de Bubble Sort
def bubble_sort(arr):
    n = len(arr)
    for i in range(n):
        for j in range(0, n-i-1):
            if arr[j] > arr[j+1]:
                arr[j], arr[j+1] = arr[j+1], arr[j]


data = [64, 34, 25, 12, 22, 11, 90]
bubble_sort(data)
print(data)
```

La búsqueda eficiente es otro aspecto crucial. Algoritmos como la búsqueda binaria ofrecen gran eficiencia en conjuntos de datos ordenados.

python

```python
# Implementación de Búsqueda Binaria
def binary_search(arr, x):
    low, high = 0, len(arr) - 1
    while low <= high:
        mid = (low + high) // 2
        if arr[mid] == x:
            return mid
        elif arr[mid] < x:
            low = mid + 1
```

```
    else:
        high = mid - 1
    return -1


data = [10, 20, 30, 40, 50]
result = binary_search(data, 30)
print(f"Element found at index: {result}")
```

La elección de algoritmos de ordenamiento y búsqueda debe tener en cuenta la cantidad de datos y los requisitos de rendimiento.

Estructuras de Datos para Big Data

En el contexto de big data, estructuras como heaps y tries son utilizadas para manejar grandes volúmenes de información. Los heaps son útiles en algoritmos de priorización, mientras que los tries son eficientes para operaciones de búsqueda en cadenas de texto.

python

```
# Implementación de un Trie
class TrieNode:
    def __init__(self):
        self.children = {}
        self.end_of_word = False


class Trie:
    def __init__(self):
```

```python
        self.root = TrieNode()

    def insert(self, word):
        node = self.root
        for char in word:
            if char not in node.children:
                node.children[char] = TrieNode()
            node = node.children[char]
        node.end_of_word = True

    def search(self, word):
        node = self.root
        for char in word:
            if char not in node.children:
                return False
            node = node.children[char]
        return node.end_of_word


trie = Trie()
trie.insert("data")
trie.insert("engine")
print(trie.search("data"))   # Salida: True
print(trie.search("science")) # Salida: False
```

La aplicación práctica de estas estructuras es indispensable en

la construcción de pipelines escalables y en la resolución de problemas complejos de procesamiento de datos. La elección cuidadosa de la estructura de datos y del algoritmo correcto mejora significativamente el rendimiento y la eficiencia de sistemas a gran escala.

CAPÍTULO 5. MODELADO DE DATOS

El modelado de datos es una etapa esencial en el diseño de sistemas de almacenamiento y procesamiento de información. Un modelo bien diseñado organiza los datos de forma lógica, eficiente y escalable, permitiendo que sean manipulados y consultados con alto rendimiento. Además, el modelado de datos crea una base sólida para la integridad, consistencia y gobernanza de la información en sistemas complejos.

El modelado de datos comienza con la comprensión del problema a resolver y la definición de cómo los datos serán organizados para cumplir con los requisitos funcionales y no funcionales de un sistema. Estructuras claras y bien definidas ayudan a reducir redundancias, mejorar el rendimiento de las consultas y garantizar que el sistema pueda escalar conforme aumentan las demandas.

Modelado Conceptual, Lógico y Físico

- El modelado de datos puede dividirse en tres etapas: conceptual, lógica y física. Cada una de ellas desempeña un papel crucial en el proceso de desarrollo.
- El modelado conceptual se enfoca en la identificación de las entidades principales, sus atributos y las relaciones entre ellas. Esta etapa es frecuentemente representada por diagramas de entidad-relación (ER), que muestran cómo

interactúan las distintas partes del sistema.

- El modelado lógico profundiza en los detalles del modelado conceptual, definiendo el esquema de la base de datos en términos de tablas, columnas, tipos de datos y relaciones. No hay preocupación con la implementación física del sistema en esta fase.

- El modelado físico traduce el modelo lógico a una base de datos específica, considerando detalles de implementación como índices, particionamiento y optimizaciones específicas de la tecnología elegida.

Normalización de Datos

La normalización es una técnica utilizada para organizar los datos de manera que se minimicen redundancias y dependencias. Divide grandes tablas en tablas más pequeñas y define relaciones claras entre ellas. Existen varias formas normales (FN), y su aplicación depende de los requisitos del sistema.

La Primera Forma Normal (1FN) exige que los datos en cada columna de una tabla sean atómicos, es decir, que no puedan dividirse en partes menores. Para alcanzar la 1FN, es necesario eliminar conjuntos repetitivos de datos.

sql

```
-- Estructura no normalizada
CREATE TABLE orders (
    order_id INT,
    customer_name VARCHAR(100),
    product_list VARCHAR(500) -- Ejemplo: "Widget, Gadget"
);
```

```sql
-- Estructura normalizada (1FN)
CREATE TABLE orders (
    order_id INT,
    customer_name VARCHAR(100)
);

CREATE TABLE order_items (
    order_item_id INT,
    order_id INT,
    product_name VARCHAR(100)
);
```

La Segunda Forma Normal (2FN) elimina dependencias parciales de claves primarias en tablas con claves compuestas, mientras que la Tercera Forma Normal (3FN) elimina dependencias transitivas. Aplicar estas formas normales mejora la integridad de los datos, pero puede aumentar la complejidad de las consultas.

Desnormalización de Datos

Aunque la normalización se recomienda para la mayoría de los sistemas, en escenarios donde el rendimiento de las consultas es una prioridad, la desnormalización puede ser útil. Este proceso reintroduce redundancias controladas para reducir el número de joins necesarios en consultas frecuentes.

sql

```sql
-- Estructura normalizada
CREATE TABLE customers (
    customer_id INT,
    customer_name VARCHAR(100)
);

CREATE TABLE orders (
    order_id INT,
    customer_id INT,
    order_date DATE
);

-- Estructura desnormalizada
CREATE TABLE orders_with_customers (
    order_id INT,
    customer_name VARCHAR(100),
    order_date DATE
);
```

La desnormalización debe utilizarse con cautela, ya que puede aumentar los costos de almacenamiento y los riesgos de inconsistencia.

Modelado Relacional

El modelado relacional organiza los datos en tablas que se relacionan mediante claves primarias y foráneas. Este enfoque es ideal para sistemas donde la consistencia y la integridad son fundamentales.

sql

```
-- Definiendo una tabla de clientes
CREATE TABLE customers (
    customer_id INT PRIMARY KEY,
    customer_name VARCHAR(100),
    email VARCHAR(100)
);


-- Definiendo una tabla de pedidos
CREATE TABLE orders (
    order_id INT PRIMARY KEY,
    customer_id INT,
    order_date DATE,
    FOREIGN KEY (customer_id) REFERENCES customers(customer_id)
);
```

El uso de claves foráneas garantiza que los datos relacionados sean consistentes. Por ejemplo, un pedido no puede referenciar a un cliente que no existe.

Modelado NoSQL

El modelado de datos en bases NoSQL, como MongoDB o Cassandra, difiere significativamente del enfoque relacional. En lugar de tablas relacionadas, los datos se organizan en colecciones, documentos o columnas amplias, dependiendo del modelo de almacenamiento.

En MongoDB, los documentos almacenados en colecciones permiten la incorporación de datos relacionados, reduciendo la necesidad de joins.

json

```json
{
    "order_id": 12345,
    "customer": {
        "customer_id": 1,
        "customer_name": "John Doe"
    },
    "items": [
        {
            "product_name": "Widget",
            "quantity": 2,
            "price": 19.99
        },
        {
            "product_name": "Gadget",
            "quantity": 1,
            "price": 29.99
        }
    ],
    "order_date": "2024-01-01"
}
```

Este enfoque es ideal para sistemas que requieren alta escalabilidad y rendimiento en lecturas frecuentes.

Modelado para Big Data

Sistemas de big data, como Hadoop y Spark, requieren enfoques específicos para modelado de datos debido al volumen y a la variedad de la información. En lugar de tablas o documentos, los datos son representados frecuentemente en archivos distribuidos o estructuras optimizadas para procesamiento en paralelo.

En bases como Cassandra, los datos se organizan en tablas basadas en columnas amplias. Este modelo prioriza el rendimiento de las lecturas para casos de uso específicos.

sql

```sql
-- Definiendo una tabla en Cassandra
CREATE TABLE user_activity (
    user_id UUID,
    activity_date DATE,
    activity_type TEXT,
    activity_data TEXT,
    PRIMARY KEY (user_id, activity_date)
);
```

Esta estructura permite consultas rápidas para actividades de usuarios en un intervalo de fechas.

Estrategias para Modelado Escalable

Un modelado eficiente y escalable requiere planificación cuidadosa. Algunos principios incluyen:

- Análisis de Patrones de Uso: Entender cómo serán accedidos y consultados los datos ayuda a optimizar el diseño.
- Particionamiento: Dividir los datos en segmentos más pequeños mejora la escalabilidad y el rendimiento en bases distribuidas.
- Indexación: Crear índices en los campos más consultados reduce el tiempo de recuperación de la información.
- Monitoreo y Ajustes: Revisar periódicamente el esquema para adaptarlo a cambios en los requisitos del sistema.

Indexación para Consultas Rápidas

La indexación es una técnica que mejora el rendimiento de las consultas creando estructuras adicionales que permiten acceso más rápido a los datos.

sql

```
-- Creando un índice en una tabla de pedidos
CREATE INDEX idx_order_date ON orders(order_date);
```

Con este índice, las consultas basadas en la fecha del pedido se realizan con mayor eficiencia.

Gobernanza y Seguridad en el Modelado

Además de considerar rendimiento y escalabilidad, el modelado de datos debe garantizar conformidad con regulaciones de privacidad y seguridad. Esto incluye encriptar datos sensibles, implementar controles de acceso y documentar el esquema de la base de datos para facilitar auditorías.

El modelado de datos es la base de sistemas eficientes y escalables. Define cómo serán almacenados, accedidos y manipulados los datos, influyendo directamente en el rendimiento y la integridad del sistema. Técnicas como normalización, desnormalización, particionamiento e indexación deben aplicarse estratégicamente, considerando los requisitos específicos de cada proyecto. Combinando buenas prácticas y herramientas adecuadas, es posible crear soluciones robustas que respondan a las demandas actuales y futuras de la ingeniería de datos.

CAPÍTULO 6. INTRODUCCIÓN A ETL (EXTRACT, TRANSFORM, LOAD)

El proceso de ETL, que significa Extract, Transform, Load, es un componente esencial de la ingeniería de datos. Proporciona una estructura organizada para mover, transformar y almacenar datos de diversas fuentes en un sistema centralizado, como un data warehouse o base de datos analítica. ETL es ampliamente utilizado en entornos empresariales y de análisis de datos, permitiendo que la información sea integrada y preparada para generar insights accionables.

Definición e Importancia

ETL está compuesto por tres etapas principales:

Extract (Extracción): Los datos son recolectados de una o más fuentes, que pueden incluir bases de datos relacionales, APIs, archivos CSV, logs de aplicaciones y sistemas heredados. La etapa de extracción está diseñada para acceder a los datos de manera eficiente y garantizar su transferencia sin pérdidas.

Transform (Transformación): Los datos brutos extraídos rara vez están listos para su uso inmediato. La transformación implica limpieza, estandarización, formateo y la aplicación de reglas de negocio para hacer los datos útiles. Esto incluye eliminación de duplicados, imputación de valores ausentes, agregaciones y cálculos.

Load (Carga): Tras la transformación, los datos se cargan en el destino final, como una base de datos central o un data warehouse. Esta etapa garantiza que los datos estén disponibles para análisis, generación de reportes o consumo por otros sistemas.

ETL es crucial en un mundo donde los datos se generan continuamente en gran volumen y desde múltiples fuentes. Ayuda a unificar esta información en un formato estructurado, reduciendo complejidades y garantizando calidad en los procesos analíticos.

Fases del Proceso ETL

Extracción
La extracción es el punto de partida del ETL y requiere herramientas y estrategias eficaces para recolectar datos. Las fuentes comunes incluyen bases de datos relacionales como MySQL y PostgreSQL, archivos como JSON y CSV, y APIs que entregan datos en tiempo real.

Una herramienta popular para extracción es la biblioteca pandas de Python, que permite leer datos desde diversas fuentes. A continuación se muestra un ejemplo de cómo extraer datos desde un archivo CSV y una API REST:

python

```python
import pandas as pd
import requests
```

```
# Extrayendo datos de un archivo CSV
csv_data = pd.read_csv('data.csv')
print(csv_data.head())


# Extrayendo datos de una API
response = requests.get('https://api.example.com/data')
api_data = response.json()
print(api_data)
```

Transformación

La transformación es una etapa crítica del ETL, donde los datos son refinados para cumplir con los requisitos del sistema o aplicación final. Esto puede incluir normalización, agregaciones, cálculos derivados y tratamiento de valores ausentes.

A continuación, un ejemplo de transformación usando pandas. Los datos extraídos de un archivo son limpiados y formateados antes de ser cargados:

python

```
# Limpiando y transformando los datos
csv_data['price'] = csv_data['price'].fillna(0)  # Rellenando valores nulos

csv_data['total'] = csv_data['quantity'] * csv_data['price']  # Calculando el total

csv_data = csv_data[csv_data['quantity'] > 0]  # Filtrando filas con cantidad válida
```

```
print(csv_data)
```

Transformaciones más avanzadas pueden involucrar la aplicación de reglas de negocio, como categorización de clientes según hábitos de compra o identificación de tendencias de ventas.

Carga

La carga asegura que los datos procesados estén disponibles en el destino final para análisis u otros usos. Dependiendo del volumen y tipo de datos, la carga puede ser realizada de manera incremental o por lotes.

El siguiente código muestra cómo cargar datos transformados en una base PostgreSQL usando psycopg2:

python

```python
import psycopg2


# Conectando a la base de datos
connection = psycopg2.connect(
    dbname="analytics",
    user="admin",
    password="securepassword",
    host="localhost",
    port="5432"
)
```

```
cursor = connection.cursor()

# Insertando los datos transformados
for _, row in csv_data.iterrows():
    cursor.execute('''
        INSERT INTO sales (product_name, quantity, price, total)
        VALUES (%s, %s, %s, %s)
    ''', (row['product_name'], row['quantity'], row['price'],
row['total']))

connection.commit()
connection.close()
```

Herramientas de ETL

Existen muchas herramientas que facilitan la ejecución de pipelines ETL. Algunas de las más populares incluyen:

- **Apache Airflow:** Herramienta open-source para orquestación de workflows. Permite programar y monitorear pipelines ETL complejos.

- **Talend:** Plataforma comercial con soporte para múltiples fuentes de datos y transformaciones.

- **Informatica:** Solución ampliamente utilizada en grandes organizaciones para integración de datos.

- **Pentaho Data Integration (PDI):** Ofrece una interfaz gráfica para crear y gestionar pipelines ETL.

- **Python y bibliotecas como pandas y pySpark:** Herramientas poderosas para construir pipelines ETL personalizados y flexibles.

La elección de herramienta debe considerar el volumen de datos, la complejidad de las transformaciones y el entorno de implementación.

Automatización y Escalabilidad

Automatizar procesos ETL es fundamental para garantizar consistencia y eficiencia, especialmente en sistemas que manejan grandes volúmenes de datos. Herramientas como Apache Airflow y cron jobs pueden ser usadas para programar y monitorear pipelines ETL.

La escalabilidad también es un factor clave. Soluciones distribuidas como Apache Spark permiten que grandes conjuntos de datos sean procesados en paralelo, reduciendo el tiempo necesario para tareas complejas.

A continuación, un ejemplo de automatización de un pipeline ETL usando Apache Airflow:

python

```
from airflow import DAG
from airflow.operators.python_operator import PythonOperator
from datetime import datetime


def extract():
    # Lógica de extracción
```

```python
    pass

def transform():
    # Lógica de transformación
    pass

def load():
    # Lógica de carga
    pass

default_args = {
    'owner': 'data_engineer',
    'start_date': datetime(2024, 1, 1),
    'retries': 1
}

with DAG('etl_pipeline', default_args=default_args,
schedule_interval='@daily') as dag:
    extract_task = PythonOperator(task_id='extract',
python_callable=extract)
    transform_task = PythonOperator(task_id='transform',
python_callable=transform)
    load_task = PythonOperator(task_id='load',
python_callable=load)

    extract_task >> transform_task >> load_task
```

Este ejemplo configura un pipeline ETL automatizado que será ejecutado diariamente.

Beneficios del ETL

- **Integración de Datos:** Permite consolidar información desde múltiples fuentes.

- **Calidad de los Datos:** Asegura que los datos estén limpios y listos para uso.

- **Automatización:** Reduce la intervención manual, mejorando la eficiencia.

- **Escalabilidad:** Soporta grandes volúmenes de datos y expansión del sistema.

Desafíos del ETL

Aunque es una práctica consolidada, ETL presenta desafíos. Asegurar la calidad de los datos durante la extracción, manejar fallos en grandes volúmenes y optimizar el rendimiento de las transformaciones son tareas que requieren atención constante.

Futuro del ETL

Con la evolución de la tecnología, ETL está migrando al modelo ELT (Extract, Load, Transform), donde los datos son cargados primero en el destino y luego transformados. Este modelo es impulsado por sistemas modernos de data warehouse que soportan transformaciones internas optimizadas.

ETL es una práctica esencial en la ingeniería de datos, y su aplicación garantiza que los datos sean recolectados, transformados y puestos a disposición de manera eficiente y confiable. Comprender los conceptos y herramientas presentados aquí es el primer paso para implementar pipelines robustos que respondan a las demandas actuales y futuras de los entornos orientados a datos.

CAPÍTULO 7. AUTOMATIZACIÓN DE PIPELINES DE DATOS CON PYTHON

La automatización de pipelines de datos es una práctica fundamental en la ingeniería de datos moderna. Garantiza eficiencia, consistencia y escalabilidad en el procesamiento de información, especialmente en sistemas que manejan grandes volúmenes de datos provenientes de diversas fuentes. Python, con su amplia gama de bibliotecas y frameworks, es uno de los lenguajes más utilizados para construir pipelines automatizados. Entre los frameworks más populares para esta tarea, destaca Apache Airflow, una herramienta robusta para la orquestación de workflows.

Automatizar pipelines de datos significa crear flujos de trabajo que recolectan, transforman y almacenan datos de forma continua y repetitiva, sin intervención manual. Estos pipelines permiten que los ingenieros de datos concentren sus esfuerzos en el análisis y mejora de los sistemas, mientras los procesos operacionales se ejecutan automáticamente.

Concepto de Pipelines de Datos Automatizados

Un pipeline de datos automatizado es una secuencia estructurada de etapas o tareas que ejecutan operaciones específicas, como extracción, transformación y carga de datos (ETL). La automatización asegura que estas tareas se realicen de forma repetible y confiable, con monitoreo y control detallados. Un pipeline eficiente también incluye mecanismos para manejar fallos, reiniciar procesos interrumpidos y registrar logs para auditoría.

Los pipelines automatizados se utilizan en diversos casos, como:

- Procesamiento de datos en tiempo real o por lotes.

- Integración de datos desde fuentes externas como APIs y bases de datos.

- Limpieza y transformación de grandes volúmenes de información.

- Carga de datos en data warehouses o sistemas analíticos.

Python es especialmente adecuado para automatizar pipelines debido a su simplicidad, soporte a múltiples bibliotecas y capacidad de integración con sistemas externos.

Introducción a Apache Airflow

Apache Airflow es una herramienta de orquestación de workflows que permite crear, monitorear y gestionar pipelines de datos de forma programática. Utiliza un modelo declarativo, donde los pipelines son definidos como grafos acíclicos dirigidos (DAGs). Cada nodo del grafo representa una tarea, y los bordes indican dependencias entre las tareas.

Airflow ofrece funcionalidades como:

- **Agendamiento:** Ejecución de tareas en intervalos específicos.

- **Monitoreo:** Interfaz gráfica para acompañar la ejecución y el estado de las tareas.

- **Escalabilidad:** Soporte a ejecuciones distribuidas en múltiples nodos.

- **Flexibilidad:** Capacidad de integración con sistemas de terceros y scripts personalizados.

Para comenzar a utilizar Apache Airflow, es necesario instalarlo y configurarlo. La instalación puede realizarse con el siguiente comando:

bash

```
pip install apache-airflow
```

Después de la instalación, el entorno necesita ser inicializado con los siguientes comandos:

bash

```
airflow db init
airflow users create \
   --username admin \
   --firstname Admin \
   --lastname User \
   --role Admin \
   --email admin@example.com
airflow webserver --port 8080
```

Creando un Pipeline en Apache Airflow

Los pipelines en Airflow se definen en archivos Python. Cada pipeline comienza con la definición de un DAG, que contiene información sobre el agendamiento y las tareas a ejecutar. A continuación se muestra un ejemplo de un pipeline básico:

python

```python
from airflow import DAG
from airflow.operators.python_operator import
PythonOperator
from datetime import datetime

def extract():
    print("Extrayendo datos...")

def transform():
    print("Transformando datos...")

def load():
    print("Cargando datos...")

# Definiendo el DAG
default_args = {
    'owner': 'data_engineer',
    'depends_on_past': False,
    'start_date': datetime(2024, 1, 1),
    'retries': 1,
}

dag = DAG(
```

```python
    'etl_pipeline',
    default_args=default_args,
    description='Pipeline de ETL simple',
    schedule_interval='@daily',
)


# Definiendo las tareas
extract_task = PythonOperator(
    task_id='extract',
    python_callable=extract,
    dag=dag,
)


transform_task = PythonOperator(
    task_id='transform',
    python_callable=transform,
    dag=dag,
)


load_task = PythonOperator(
    task_id='load',
    python_callable=load,
    dag=dag,
)
```

```
# Definiendo el orden de ejecución
extract_task >> transform_task >> load_task
```

En este ejemplo, el pipeline realiza tres tareas principales: extracción, transformación y carga. Airflow agenda la ejecución de estas tareas y garantiza que se realicen en el orden correcto.

Integración con Bases de Datos y APIs

La automatización de pipelines frecuentemente involucra la interacción con fuentes de datos externas, como bases de datos o APIs. Airflow ofrece una variedad de operadores para estas integraciones. Por ejemplo, PostgresOperator permite ejecutar comandos SQL directamente en una base PostgreSQL.

python

```
from airflow.providers.postgres.operators.postgres import
PostgresOperator


postgres_task = PostgresOperator(
    task_id='create_table',
    postgres_conn_id='my_postgres_connection',
    sql='''
        CREATE TABLE IF NOT EXISTS sales (
            id SERIAL PRIMARY KEY,
            product_name VARCHAR(100),
            quantity INTEGER,
            price NUMERIC
```

```
        );
    ''',
    dag=dag,
)
```

Para acceder a APIs externas, se puede utilizar PythonOperator con bibliotecas como requests:

python

```
import requests

def fetch_api_data():
    response = requests.get('https://api.example.com/data')
    data = response.json()
    print(data)

fetch_api_task = PythonOperator(
    task_id='fetch_api_data',
    python_callable=fetch_api_data,
    dag=dag,
)
```

Monitoreo y Manejo de Errores

Una de las ventajas de Apache Airflow es su capacidad para monitorear y gestionar fallos. Si una tarea falla, Airflow puede registrar el error y reiniciar automáticamente el pipeline, dependiendo de la configuración.

Los logs de ejecución están disponibles a través de la interfaz gráfica, permitiendo a los ingenieros identificar problemas rápidamente. Además, se pueden configurar notificaciones por correo electrónico o Slack para alertar sobre fallos.

Escalabilidad y Ejecución Distribuida

Para pipelines que manejan grandes volúmenes de datos, la escalabilidad es esencial. Airflow soporta ejecución distribuida, permitiendo que las tareas se procesen en múltiples nodos. Esto se logra configurando un executor como Celery Executor, que distribuye las tareas entre los workers.

Buenas Prácticas en la Construcción de Pipelines Automatizados

- **Modularidad:** Divida el pipeline en tareas pequeñas y reutilizables.

- **Control de Dependencias:** Asegúrese de que las tareas se ejecuten en el orden correcto.

- **Monitoreo Continuo:** Configure alertas y revise los logs regularmente.

- **Pruebas y Validación:** Valide los datos en cada etapa para evitar errores acumulativos.

- **Documentación:** Documente el pipeline, incluyendo dependencias y puntos de entrada.

Alternativas a Apache Airflow

Aunque Apache Airflow es ampliamente utilizado, existen otras herramientas que pueden ser consideradas dependiendo de los requisitos del proyecto:

- **Luigi:** Herramienta open-source para creación de pipelines complejos, con enfoque en tareas dependientes.

- **Prefect:** Alternativa moderna a Airflow, con enfoque en simplicidad y escalabilidad.

- **Dagster:** Herramienta que combina orquestación de pipelines con validación de datos.

Automatizar pipelines de datos con Python y herramientas como Apache Airflow es una práctica esencial en la ingeniería de datos moderna. Este enfoque incrementa la eficiencia, reduce el error humano y mejora la escalabilidad de los sistemas. Con una configuración adecuada y buenas prácticas, es posible crear pipelines robustos que atiendan las demandas de datos de organizaciones de cualquier tamaño, garantizando que los procesos se ejecuten de manera confiable y repetible.

CAPÍTULO 8. CONSULTAS AVANZADAS EN SQL

SQL es el principal lenguaje para interactuar con bases de datos relacionales, proporcionando comandos robustos para manipulación, consulta y gestión de datos. Las consultas avanzadas permiten resolver problemas complejos, integrar información de múltiples tablas y optimizar el rendimiento de las operaciones. Estas técnicas son indispensables en la ingeniería de datos, especialmente en sistemas que procesan grandes volúmenes de información o requieren análisis detallados.

Principales Técnicas de Consultas Avanzadas

Subconsultas
Las subconsultas, también conocidas como consultas anidadas, son consultas SQL dentro de otras consultas. Permiten realizar operaciones que dependen de resultados intermedios. Pueden ser utilizadas en SELECT, FROM o WHERE para cálculos dinámicos o filtrado avanzado.

sql

```
-- Identificando productos con ventas por encima del promedio
SELECT product_name, price
FROM products
WHERE price > (
```

```sql
    SELECT AVG(price)
    FROM products
);
```

La subconsulta calcula el precio promedio, y la consulta principal devuelve solo los productos cuyo precio está por encima de dicho promedio.

Uniones (Joins)

Las uniones se usan para combinar datos de dos o más tablas con base en condiciones especificadas. Existen diferentes tipos de joins, como INNER JOIN, LEFT JOIN, RIGHT JOIN y FULL OUTER JOIN.

sql

```sql
-- Recuperando detalles de pedidos y clientes
SELECT customers.customer_name, orders.order_date,
orders.total
FROM customers
INNER JOIN orders ON customers.customer_id =
orders.customer_id;
```

Esta consulta une las tablas customers y orders basándose en el campo customer_id, mostrando el nombre del cliente, la fecha del pedido y el total del pedido.

Las uniones externas, como LEFT JOIN, son útiles cuando es necesario incluir datos de una tabla incluso si no hay coincidencia en la otra.

sql

-- Listando todos los clientes y sus pedidos (incluyendo clientes sin pedidos)

SELECT customers.customer_name, orders.order_date, orders.total

FROM customers

LEFT JOIN orders ON customers.customer_id = orders.customer_id;

Agregaciones y Agrupamiento

Funciones de agregación como SUM, AVG, COUNT, MIN y MAX se combinan frecuentemente con GROUP BY para calcular métricas en subconjuntos de datos.

sql

-- Calculando el total de ventas por categoría

SELECT category, SUM(total) AS total_sales

FROM products

GROUP BY category

ORDER BY total_sales DESC;

El agrupamiento permite dividir los datos en categorías distintas y calcular métricas específicas para cada grupo.

Ventanas de Consulta (Window Functions)

Las funciones de ventana ofrecen una forma eficiente de ejecutar cálculos en subconjuntos de datos sin agruparlos. Permiten acceder a datos en filas relacionadas y son útiles para análisis comparativos o cálculos acumulativos.

sql

```
-- Calculando los ingresos acumulados por pedido
SELECT order_id, customer_id, total,
      SUM(total) OVER (PARTITION BY customer_id ORDER BY
order_id) AS cumulative_total
FROM orders;
```

Esta consulta calcula la suma acumulada de ventas por cliente, ordenada por los IDs de los pedidos.

Operaciones de Unión (UNION y UNION ALL)

UNION combina los resultados de dos o más consultas, eliminando duplicados, mientras UNION ALL mantiene todas las filas, incluyendo duplicadas.

sql

```
-- Combinando ventas de dos años
SELECT order_id, order_date, total
FROM orders_2023
UNION
SELECT order_id, order_date, total
FROM orders_2024;
```

CTEs (Common Table Expressions)

Las CTEs son bloques nombrados de consultas SQL que pueden ser reutilizados dentro de la misma consulta. Hacen las consultas más organizadas y legibles.

sql

```
-- Calculando el promedio de ventas por cliente
```

```sql
WITH CustomerSales AS (
    SELECT customer_id, SUM(total) AS total_sales
    FROM orders
    GROUP BY customer_id
)
SELECT customer_id, total_sales
FROM CustomerSales
WHERE total_sales > 1000;
```

La CTE CustomerSales calcula las ventas totales por cliente, y la consulta principal retorna solo los clientes con ventas por encima de un límite especificado.

Técnicas de Optimización de Consultas

La eficiencia de consultas avanzadas depende no solo de las operaciones realizadas, sino también de cómo las procesa la base de datos. Las técnicas de optimización ayudan a reducir el tiempo de ejecución y el uso de recursos.

Uso de Índices

Los índices aceleran la recuperación de datos, especialmente en consultas con filtros o joins. Crear índices en columnas comúnmente utilizadas en WHERE o JOIN es una práctica recomendada.

sql

```sql
-- Creando un índice en la columna customer_id
CREATE INDEX idx_customer_id ON orders(customer_id);
```

Evitar Selecciones Innecesarias

Consultar solo las columnas necesarias reduce el volumen de datos procesados y mejora el rendimiento.

sql

```
-- Buena práctica: seleccionar solo columnas relevantes
SELECT product_name, price
FROM products;
```

```
-- Mala práctica: seleccionar todas las columnas
SELECT * FROM products;
```

Limitar el Número de Registros

Usar LIMIT o TOP en consultas que devuelven muchos resultados puede mejorar la eficiencia, especialmente en sistemas de visualización de datos.

sql

```
-- Recuperando los 10 productos más vendidos
SELECT product_name, SUM(quantity) AS total_sold
FROM sales
GROUP BY product_name
ORDER BY total_sold DESC
LIMIT 10;
```

Optimizar Funciones de Agregación

Agregaciones complejas pueden optimizarse con el uso de índices o reduciendo el número de cálculos necesarios.

sql

```sql
-- Mejorando el rendimiento con índices para agregaciones
CREATE INDEX idx_category ON products(category);


SELECT category, COUNT(*) AS total_products
FROM products
GROUP BY category;
```

Consultas Avanzadas con Casos Condicionales

Expresiones condicionales como CASE permiten ejecutar lógica condicional directamente en consultas SQL, facilitando la categorización o transformación de datos.

sql

```sql
-- Clasificando clientes con base en el total de compras
SELECT customer_id,
    CASE
        WHEN total_spent > 1000 THEN 'VIP'
        WHEN total_spent BETWEEN 500 AND 1000 THEN
'Regular'
        ELSE 'Basic'
    END AS customer_category
FROM (
    SELECT customer_id, SUM(total) AS total_spent
    FROM orders
    GROUP BY customer_id
) AS CustomerTotals;
```

Esta consulta clasifica a los clientes en categorías con base en sus gastos totales.

Integración de Consultas SQL con Herramientas Externas

SQL es frecuentemente integrado con otros lenguajes o herramientas para realizar análisis avanzados. Python es ampliamente utilizado para ejecutar consultas SQL y procesar los resultados.

python

```python
import psycopg2
import pandas as pd


# Conectando a la base de datos
connection = psycopg2.connect(
    dbname="analytics",
    user="admin",
    password="securepassword",
    host="localhost",
    port="5432"
)


# Ejecutando una consulta
query = """
SELECT category, SUM(total) AS total_sales
FROM products
```

```
GROUP BY category
ORDER BY total_sales DESC;
"""


# Leyendo los datos en un DataFrame de Pandas
df = pd.read_sql_query(query, connection)


# Mostrando los resultados
print(df)


connection.close()
```

Buenas Prácticas en la Creación de Consultas Avanzadas

- **Documentación:** Nombra columnas derivadas y tablas intermedias con claridad para facilitar la lectura.

- **Mantenimiento de Simplicidad:** Divide consultas complejas en subconsultas o usa CTEs.

- **Monitoreo de Desempeño:** Utiliza herramientas de análisis de planes de ejecución para identificar cuellos de botella.

- **Estandarización:** Sigue convenciones de nomenclatura y estilo para mantener consistencia en equipos grandes.

Aplicaciones Prácticas

Las consultas avanzadas se utilizan en diversas aplicaciones como:

- Análisis del comportamiento del cliente para personalizar campañas.

- Monitoreo de KPIs empresariales en tiempo real.

- Extracción de datos históricos para modelos predictivos.

Las técnicas de consultas avanzadas en SQL ofrecen una base poderosa para resolver problemas complejos y realizar análisis profundos en bases de datos relacionales. Con buenas prácticas y atención a la optimización, es posible maximizar el rendimiento de las consultas y garantizar eficiencia en los sistemas de ingeniería de datos. La habilidad para dominar estas técnicas es esencial para profesionales que buscan destacarse en el mercado de datos.

CAPÍTULO 9. INTEGRACIÓN DE DATOS EN ENTORNOS HÍBRIDOS

La integración de datos en entornos híbridos es un componente esencial de la ingeniería de datos moderna, especialmente para organizaciones que necesitan lidiar con la creciente complejidad de los sistemas distribuidos. Los entornos híbridos combinan bases de datos locales (on-premises) y servicios en la nube para crear ecosistemas de datos versátiles, escalables y resilientes. Sincronizar información entre estos dos contextos requiere estrategias bien definidas, herramientas adecuadas y atención a los desafíos específicos de este tipo de arquitectura.

Definición e Importancia de la Integración en Entornos Híbridos

La integración de datos en entornos híbridos permite que las organizaciones aprovechen las ventajas de ambas infraestructuras. Las bases de datos locales ofrecen mayor control sobre los datos, especialmente en escenarios que exigen seguridad rigurosa o baja latencia. La nube, por otro lado, proporciona escalabilidad, accesibilidad y menores costos operativos. Sincronizar los datos entre estos dos entornos garantiza que información crítica esté disponible en tiempo real, independientemente de dónde esté almacenada.

Este enfoque es fundamental para diversas aplicaciones, como:

- Mantener sistemas locales de producción mientras se utiliza la nube para análisis avanzados.

- Garantizar alta disponibilidad y redundancia de datos.

- Habilitar soluciones híbridas para cumplimiento con regulaciones regionales de datos.

Componentes de una Integración de Datos Híbrida

Bases de Datos Locales

Las bases de datos locales están instaladas en servidores físicos o virtuales dentro de las instalaciones de la organización. Se utilizan para aplicaciones que requieren baja latencia, control total sobre los datos o cumplimiento con normativas específicas.

Ejemplos incluyen:

- MySQL y PostgreSQL para almacenamiento relacional.

- MongoDB para almacenamiento no relacional.

- Oracle Database para aplicaciones empresariales a gran escala.

Bases de Datos en la Nube

Las bases de datos en la nube ofrecen almacenamiento y procesamiento bajo demanda, eliminando la necesidad de gestionar la infraestructura subyacente. Proveedores como Amazon Web Services (AWS), Microsoft Azure y Google Cloud Platform (GCP) ofrecen servicios como Amazon RDS, Azure SQL Database y Google BigQuery.

Estos servicios están diseñados para:

- Escalabilidad horizontal y vertical.

- Acceso global con baja latencia.

- Integración con herramientas analíticas.

Herramientas de Integración

La integración en entornos híbridos requiere herramientas que soporten la transferencia eficiente y segura de datos entre sistemas locales y la nube. Algunas opciones populares incluyen:

- Apache Kafka: Sistema de mensajería distribuido para transmisión de datos en tiempo real.

- Talend: Herramienta de integración de datos que soporta entornos híbridos.

- AWS Database Migration Service (DMS): Solución para migración y sincronización de datos entre bases de datos.

- Google Dataflow: Herramienta para pipelines de datos en tiempo real y por lotes.

Estrategias de Integración

Replicación de Datos

La replicación implica copiar datos de un sistema a otro, asegurando que la información esté sincronizada. Puede configurarse como unidireccional o bidireccional, según las necesidades del sistema.

sql

```
-- Configurando replicación en PostgreSQL
CREATE PUBLICATION my_publication FOR TABLE orders;


-- En el sistema de réplica
CREATE SUBSCRIPTION my_subscription
CONNECTION 'host=primary_host port=5432 dbname=mydb user=replicator password=securepassword'
PUBLICATION my_publication;
```

Esta configuración garantiza que los cambios realizados en la tabla orders en la base primaria se repliquen automáticamente en el sistema secundario.

Pipelines de Datos en Tiempo Real

Los pipelines de datos en tiempo real transmiten información entre bases locales y la nube a medida que se genera. Este enfoque es ideal para escenarios donde la latencia mínima es crítica, como en sistemas financieros o monitoreo de sensores.

Con Apache Kafka, es posible configurar pipelines que procesan eventos en tiempo real:

python

```
from kafka import KafkaProducer


producer = KafkaProducer(bootstrap_servers='kafka_broker:9092')


# Enviando mensajes al tópico
```

```
producer.send('orders', b'{"order_id": 123, "status": "processed"}')
producer.flush()
```

Estos datos pueden ser consumidos y procesados en la nube para análisis en tiempo real.

Sincronización Incremental

La sincronización incremental transfiere solo los datos que han cambiado desde la última sincronización, ahorrando ancho de banda y recursos computacionales. Bases de datos como MySQL ofrecen registros binarios para rastrear cambios.

sql

```
-- Habilitando el log binario en MySQL
SET GLOBAL binlog_format = 'ROW';


-- Consultando cambios recientes en el log binario
SHOW BINLOG EVENTS IN 'mysql-bin.000001';
```

Almacenamiento en Caché

El almacenamiento en caché reduce la dependencia de llamadas constantes a la base de datos, mejorando el rendimiento y reduciendo costos de integración. Redis es una solución popular para caching en sistemas híbridos.

python

```python
import redis


# Conectando a Redis
cache = redis.StrictRedis(host='redis_server', port=6379,
decode_responses=True)
```

```
# Almacenando datos en el caché
cache.set('order_123', '{"status": "processed"}')


# Recuperando datos del caché
order_status = cache.get('order_123')
print(order_status)
```

Desafíos y Soluciones en la Integración de Entornos Híbridos

Latencia

La sincronización entre bases locales y la nube puede presentar alta latencia debido a la distancia física o ancho de banda limitado. Soluciones incluyen:

- Implementación de redes de entrega de contenido (CDNs) para datos frecuentemente accedidos.

- Uso de compresión de datos durante la transmisión.

Seguridad

La integración híbrida debe proteger datos sensibles contra accesos no autorizados. Medidas incluyen:

- Encriptación de datos en tránsito usando SSL/TLS.

- Gestión de identidades y accesos con autenticación

multifactor.

python

```
import psycopg2


connection = psycopg2.connect(
    dbname="hybrid_db",
    user="admin",
    password="securepassword",
    host="cloud_host",
    port="5432",
    sslmode="require"
)
```

Cumplimiento Normativo

Muchas organizaciones enfrentan requisitos regulatorios que limitan dónde pueden almacenarse los datos. Estrategias como particionamiento de datos y regionalización ayudan a cumplir con estas normativas.

Aplicaciones Prácticas

La integración de datos en entornos híbridos se aplica ampliamente en sectores como:

- **Salud:** Sincronizar registros médicos locales con análisis avanzados en la nube.

- **Comercio electrónico:** Mantener catálogos de

productos localmente mientras se procesan análisis de comportamiento de clientes en la nube.

- **Finanzas:** Transmitir transacciones en tiempo real a sistemas locales y en la nube para cumplimiento y análisis de riesgo.

La integración de datos en entornos híbridos permite que las organizaciones aprovechen lo mejor de ambos mundos: la flexibilidad y escalabilidad de la nube con el control y la seguridad de los sistemas locales. Estrategias bien planificadas, herramientas eficaces y atención a los desafíos garantizan la creación de sistemas híbridos resilientes y eficientes. Los profesionales que dominan estas prácticas están bien preparados para enfrentar las demandas de un mercado cada vez más orientado por datos.

CAPÍTULO 10. TRABAJANDO CON DATOS EN TIEMPO REAL

El procesamiento de datos en tiempo real es un aspecto crucial de la ingeniería de datos moderna. Permite que las organizaciones capturen, procesen y analicen información de manera instantánea, posibilitando decisiones rápidas y orientadas por datos. A diferencia del procesamiento por lotes, donde los datos se analizan periódicamente, el streaming de datos maneja flujos continuos y dinámicos, haciéndolo ideal para aplicaciones que requieren actualizaciones inmediatas.

Contexto e Importancia del Streaming de Datos

El streaming de datos es el proceso de ingestión, procesamiento y entrega de información en flujo continuo, generalmente en cuestión de milisegundos o segundos. Este modelo es ampliamente utilizado en sectores como finanzas, comercio electrónico, telecomunicaciones, salud y monitoreo industrial. Algunas aplicaciones incluyen:

- Análisis de transacciones financieras: detección de fraudes en tiempo real.

- Monitoreo de sensores IoT: control de dispositivos conectados y análisis predictivo.

- Sistemas de recomendación: personalización de contenido en plataformas de streaming de medios.

- Monitoreo de redes: detección de amenazas y anomalías.

Arquitectura de Datos en Tiempo Real

La arquitectura de streaming de datos se compone de tres componentes principales:

- **Ingesta de Datos:** recolección de datos en tiempo real desde diversas fuentes como sensores, logs de servidores, transacciones financieras y APIs.

- **Procesamiento de Datos:** transformación, agregación o análisis de los datos mientras fluyen por el sistema.

- **Entrega de Datos:** almacenamiento de los resultados procesados en data warehouses, bases de datos o sistemas analíticos para consulta y visualización.

Una herramienta popular para implementar arquitecturas de datos en tiempo real es Apache Kafka. Funciona como una plataforma de mensajería distribuida que permite recolectar y distribuir datos a gran escala.

Configurando Apache Kafka

Apache Kafka es una solución poderosa para la ingestión y transmisión de datos en tiempo real. Utiliza tópicos para organizar y transmitir mensajes entre productores y consumidores.

Para comenzar a usar Kafka, es necesario configurarlo en un entorno local o en la nube. Después de la instalación, cree un tópico para transmitir mensajes:

bash

```
# Creando un tópico en Kafka

kafka-topics.sh --create --topic real-time-data --bootstrap-server localhost:9092 --partitions 3 --replication-factor 1
```

Después de configurar el tópico, los productores envían mensajes a él, mientras que los consumidores leen estos mensajes. A continuación, un ejemplo de un productor en Python usando kafka-python:

python

```python
from kafka import KafkaProducer
import json

producer = KafkaProducer(
    bootstrap_servers='localhost:9092',
    value_serializer=lambda v: json.dumps(v).encode('utf-8')
)

# Enviando mensajes al tópico
data = {'sensor_id': 101, 'temperature': 22.5, 'status': 'normal'}
producer.send('real-time-data', value=data)
producer.flush()
```

Los consumidores leen los mensajes y procesan los datos recibidos:

python

```python
from kafka import KafkaConsumer
import json

consumer = KafkaConsumer(
    'real-time-data',
    bootstrap_servers='localhost:9092',
    value_deserializer=lambda v: json.loads(v.decode('utf-8'))
)

for message in consumer:
    print(f"Received: {message.value}")
```

Procesamiento de Datos en Tiempo Real con Apache Flink

Apache Flink es una herramienta de procesamiento de flujo diseñada para análisis de baja latencia y alto rendimiento. Es ideal para sistemas que requieren cálculos en tiempo real, como detección de fraudes o análisis de sensores.

Para implementar un pipeline de datos con Flink, configure las fuentes de datos y defina operaciones de transformación y agregación:

python

```python
from pyflink.datastream import StreamExecutionEnvironment
from pyflink.table import StreamTableEnvironment

env = StreamExecutionEnvironment.get_execution_environment()
```

```python
table_env = StreamTableEnvironment.create(env)


# Configurando la fuente de datos
source_ddl = """
CREATE TABLE sensor_data (
    sensor_id INT,
    temperature FLOAT,
    timestamp TIMESTAMP(3)
) WITH (
    'connector' = 'kafka',
    'topic' = 'real-time-data',
    'properties.bootstrap.servers' = 'localhost:9092',
    'format' = 'json'
)
"""

table_env.execute_sql(source_ddl)


# Realizando transformaciones en tiempo real
result = table_env.sql_query("""
SELECT sensor_id, AVG(temperature) AS avg_temp
FROM sensor_data
GROUP BY sensor_id, TUMBLE(timestamp, INTERVAL '1'
MINUTE)
""")
```

```python
# Imprimiendo los resultados
result.execute().print()
```

Estrategias para Streaming de Datos

Ventanas de Tiempo (Windowing)

La ventana de tiempo es una técnica usada para dividir flujos continuos de datos en partes más pequeñas, permitiendo agregaciones y cálculos dentro de intervalos específicos.
Tipos de ventanas incluyen:

- Ventanas deslizantes: intervalos superpuestos que capturan eventos consecutivos.

- Ventanas de tumbling: intervalos fijos y no superpuestos.

- Ventanas de sesión: basadas en inactividad entre eventos.

Con Flink, es posible configurar ventanas para calcular promedios, sumas o conteos en flujos continuos:

python

```python
result = table_env.sql_query("""
SELECT sensor_id, COUNT(*) AS event_count
FROM sensor_data
GROUP BY sensor_id, SESSION(timestamp, INTERVAL '5' MINUTES)
""")
```

Filtrado y Enriquecimiento de Datos

El enriquecimiento de datos en tiempo real implica combinar flujos con información adicional de sistemas externos como bases de datos o APIs:

python

```python
def enrich_data(event):
    enriched_event = event.copy()
    enriched_event['location'] = fetch_location(event['sensor_id'])
    return enriched_event
```

El flujo procesado puede luego ser almacenado para análisis futuros o visualizaciones.

Persistencia de Resultados Procesados

Después de procesar los datos, los resultados pueden ser almacenados en sistemas de bases de datos o data warehouses para consultas posteriores:

python

```python
import psycopg2


connection = psycopg2.connect(
    dbname="streaming_results",
    user="admin",
    password="securepassword",
    host="localhost",
```

```
    port="5432"
)


cursor = connection.cursor()


# Insertando los datos procesados
cursor.execute("'
INSERT INTO results (sensor_id, avg_temperature, timestamp)
VALUES (%s, %s, %s)
"', (sensor_id, avg_temp, timestamp))


connection.commit()
connection.close()
```

Monitoreo y Gestión de Flujos

Monitorear pipelines de datos en tiempo real es crucial para garantizar su eficiencia y confiabilidad. Herramientas como Prometheus y Grafana son ampliamente utilizadas para rastrear métricas de rendimiento e identificar cuellos de botella.

Configure un monitoreo básico para rastrear la tasa de ingestión, latencia y errores.

Buenas Prácticas para Streaming de Datos

- **Desempeño:** use herramientas optimizadas para el volumen y la velocidad de los datos.

- **Tolerancia a Fallos:** implemente mecanismos para reiniciar procesos automáticamente.

- **Escalabilidad:** configure sistemas que soporten aumento de carga sin pérdida de rendimiento.

- **Seguridad:** proteja datos en tránsito con SSL/TLS y controle de acceso robusto.

Trabajar con datos en tiempo real requiere herramientas avanzadas y estrategias bien definidas para manejar flujos continuos de información. Dominar técnicas de streaming como el uso de Kafka y Flink es esencial para implementar pipelines eficientes, escalables y resilientes. La integración de estos flujos con sistemas analíticos y de almacenamiento ofrece insights valiosos que impulsan la toma de decisiones instantáneas e informadas.

CAPÍTULO 11. DATA WAREHOUSING

El data warehousing es una práctica central en la ingeniería de datos, que permite recolectar, organizar y almacenar grandes volúmenes de información en un sistema dedicado para análisis históricos y estratégicos. Los almacenes de datos están diseñados para consolidar información proveniente de diversas fuentes y disponibilizarla en un formato que facilite consultas analíticas, generación de reportes y toma de decisiones fundamentadas.

¿Qué es un Data Warehouse?

Un data warehouse es un repositorio centralizado que almacena datos organizados y optimizados para consultas analíticas. Se diferencia de las bases de datos transaccionales, que están diseñadas para operaciones rápidas y frecuentes, como inserciones, actualizaciones y eliminaciones. Mientras que las bases transaccionales priorizan la eficiencia en operaciones de corto plazo, los data warehouses se centran en análisis a largo plazo y a gran escala.

Los data warehouses son ampliamente utilizados en sectores como finanzas, salud, comercio minorista y logística para identificar patrones, monitorear KPIs y generar insights estratégicos.

Arquitectura de un Data Warehouse

La arquitectura de un data warehouse está compuesta por varias capas, cada una desempeñando un papel específico en el procesamiento y organización de los datos.

1. Fuente de Datos

Las fuentes de datos incluyen bases de datos relacionales, sistemas heredados, archivos CSV, logs de aplicaciones, APIs y flujos de datos en tiempo real. Estas fuentes proveen la información que será consolidada en el data warehouse.

2. Proceso de ETL (Extract, Transform, Load)

El ETL es el pipeline responsable de mover los datos desde las fuentes originales hacia el data warehouse. Durante este proceso, los datos son extraídos, transformados para cumplir con los requisitos del sistema y cargados en el repositorio centralizado.

python

```python
import pandas as pd
import psycopg2


# Extracción de datos desde un archivo CSV
csv_data = pd.read_csv('sales_data.csv')


# Transformación de los datos
csv_data['total'] = csv_data['quantity'] * csv_data['price']


# Carga de los datos en un data warehouse PostgreSQL
connection = psycopg2.connect(
```

```
    dbname="data_warehouse",
    user="admin",
    password="securepassword",
    host="localhost",
    port="5432"
)

cursor = connection.cursor()

for _, row in csv_data.iterrows():
    cursor.execute('''
        INSERT INTO sales_fact (product_id, quantity, price, total,
sale_date)
        VALUES (%s, %s, %s, %s, %s)
    ''', (row['product_id'], row['quantity'], row['price'], row['total'],
row['sale_date']))

connection.commit()
connection.close()
```

3. Capa de Almacenamiento

La capa de almacenamiento es donde los datos son organizados y estructurados. Esto puede incluir esquemas como estrella, copo de nieve o esquemas híbridos.

- **Esquema Estrella:** datos organizados en una tabla central (tabla de hechos) que se conecta a tablas de dimensiones. Es eficiente para consultas simples y rápidas.

- **Esquema Copo de Nieve:** extensión del esquema estrella, donde las tablas de dimensiones son normalizadas para reducir redundancias. Es útil para sistemas complejos.

sql

```
-- Definición de una tabla de hechos
CREATE TABLE sales_fact (
    sale_id SERIAL PRIMARY KEY,
    product_id INT,
    customer_id INT,
    quantity INT,
    total NUMERIC,
    sale_date DATE
);
```

```
-- Definición de una tabla de dimensiones
CREATE TABLE products_dim (
    product_id SERIAL PRIMARY KEY,
    product_name VARCHAR(100),
    category VARCHAR(50),
    supplier_id INT
);
```

4. Capa de Presentación

La capa de presentación proporciona acceso a los datos para analistas, científicos de datos y herramientas de BI (Business Intelligence). Esta capa está optimizada para consultas y reportes, permitiendo a los usuarios extraer información rápidamente.

Herramientas como Tableau, Power BI y Looker son comúnmente integradas con data warehouses para crear dashboards interactivos e informes automatizados.

Construcción de un Data Warehouse

Construir un data warehouse involucra varias etapas importantes que garantizan su eficiencia y confiabilidad.

1. Definición de Requisitos
La fase inicial incluye identificar los objetivos del proyecto, los tipos de análisis necesarios, los datos que serán integrados y las métricas que serán monitoreadas.

2. Diseño del Esquema
Con base en los requisitos, se diseña el esquema para estructurar los datos de manera lógica y eficiente. La elección entre esquemas estrella y copo de nieve depende del volumen de datos y la complejidad de las consultas.

3. Elección de la Plataforma
Escoger la plataforma correcta es crucial para el éxito del data warehouse. Opciones populares incluyen:

- Amazon Redshift: solución escalable basada en la nube.

- Google BigQuery: optimizado para análisis de grandes

volúmenes de datos.

- Snowflake: plataforma versátil con soporte para almacenamiento elástico.

4. Implementación del Proceso ETL

El proceso ETL se implementa para mover los datos desde varias fuentes hacia el data warehouse. Herramientas como Talend, Apache Nifi y Apache Airflow son ampliamente utilizadas.

5. Configuración de Indexación

La indexación se configura para optimizar el rendimiento de las consultas. Se crean índices en columnas frecuentemente usadas en filtros y uniones.

sql

```sql
-- Creando un índice en la tabla de hechos
CREATE INDEX idx_sales_date ON sales_fact(sale_date);
```

6. Monitoreo y Mantenimiento

El data warehouse se monitorea para garantizar su rendimiento y disponibilidad. Herramientas de monitoreo ayudan a identificar cuellos de botella y ajustar la infraestructura según sea necesario.

Estrategias para Análisis Históricos

Los data warehouses están diseñados para almacenar grandes volúmenes de información histórica. Esto permite que las organizaciones analicen tendencias a lo largo del tiempo, identifiquen patrones de comportamiento y realicen proyecciones fundamentadas.

Agregaciones

Las agregaciones se usan frecuentemente para reducir el volumen de datos procesados en consultas analíticas.

sql

```sql
-- Calculando las ventas totales por categoría
SELECT p.category, SUM(s.total) AS total_sales
FROM sales_fact s
JOIN products_dim p ON s.product_id = p.product_id
GROUP BY p.category;
```

Análisis de Series Temporales

Los data warehouses soportan consultas complejas de series temporales, permitiendo análisis como medias móviles, estacionalidad y variaciones a lo largo del tiempo.

sql

```sql
-- Calculando la media móvil de ventas semanales
SELECT sale_date,
       AVG(total) OVER (ORDER BY sale_date ROWS BETWEEN 6 PRECEDING AND CURRENT ROW) AS moving_avg
FROM sales_fact;
```

Segmentación de Datos

La segmentación permite comparar métricas entre diferentes grupos o categorías.

sql

```sql
-- Comparando ventas por región
SELECT region, SUM(total) AS total_sales
```

```
FROM sales_fact s
JOIN customers_dim c ON s.customer_id = c.customer_id
GROUP BY region;
```

Buenas Prácticas en Data Warehousing

- **Normalización Controlada:** evite redundancias excesivas manteniendo simplicidad para las consultas.

- **Automatización del ETL:** use herramientas para automatizar y monitorear el proceso ETL.

- **Documentación Completa:** documente esquemas, fuentes de datos y dependencias para facilitar el mantenimiento.

- **Gestión de Particiones:** divida grandes tablas en particiones para mejorar el rendimiento.

- **Seguridad:** asegure que los datos estén protegidos contra accesos no autorizados mediante autenticación y cifrado.

Desafíos y Soluciones

- **Volumen de Datos:** adopte plataformas escalables y use compresión para reducir almacenamiento.

- **Latencia en Consultas:** configure índices y particionamiento para optimizar el rendimiento.

- **Integración de Fuentes Heterogéneas:** utilice

herramientas de integración como Talend y Apache Nifi para estandarizar los datos.

Los data warehouses desempeñan un papel fundamental en la consolidación y análisis de datos históricos, proporcionando insights valiosos para organizaciones de todos los tamaños. Con un diseño bien planificado, herramientas adecuadas y prácticas optimizadas, es posible crear un sistema robusto que atienda las demandas analíticas y estratégicas. Los profesionales que dominan las técnicas de data warehousing están capacitados para liderar iniciativas de datos en un mercado cada vez más orientado por la información.

CAPÍTULO 12. MONITOREO Y OPTIMIZACIÓN DE PIPELINES

El monitoreo y la optimización de pipelines de datos son etapas fundamentales en la ingeniería de datos para garantizar que los flujos de información se ejecuten de forma eficiente, confiable y dentro de los límites de rendimiento esperados. Pipelines mal diseñados o monitoreados de forma inadecuada pueden generar retrasos, fallas e incluso pérdida de datos, comprometiendo la calidad y utilidad de la información procesada. Este capítulo aborda las mejores prácticas, herramientas y técnicas para identificar cuellos de botella e implementar mejoras en los pipelines de datos.

Concepto de Monitoreo de Pipelines

El monitoreo de pipelines consiste en rastrear y evaluar continuamente el rendimiento e integridad de todas las etapas del proceso de flujo de datos, desde la ingesta hasta la entrega. El objetivo es identificar anomalías, fallas o retrasos, así como recolectar métricas útiles para ajustes y optimizaciones.

Principales Métricas Monitoreadas

- Latencia: Tiempo total para que un dato recorra todas las etapas del pipeline.

- Tasa de Procesamiento: Número de registros procesados

por unidad de tiempo.

- Tasa de Errores: Proporción de fallas respecto al número total de registros procesados.

- Utilización de Recursos: Consumo de CPU, memoria, almacenamiento y ancho de banda.

- Integridad de los Datos: Verificación de datos perdidos, duplicados o corruptos.

Herramientas de Monitoreo

Prometheus y Grafana

Prometheus es una herramienta de monitoreo y alertas basada en series temporales. Recoge métricas de aplicaciones y sistemas, almacenándolas en una base de datos optimizada para consultas rápidas. Grafana es una herramienta complementaria que permite crear dashboards interactivos para visualizar las métricas recolectadas por Prometheus.

yaml

```yaml
# Configuración básica de Prometheus para monitorear un pipeline
global:
  scrape_interval: 15s
scrape_configs:
  - job_name: 'pipeline_metrics'
    static_configs:
      - targets: ['localhost:8080']
```

Con Prometheus configurado, Grafana puede usarse para crear gráficos que muestren latencia, tasa de procesamiento y uso de recursos en tiempo real.

Apache Airflow

Apache Airflow, además de ser una herramienta de orquestación de workflows, también ofrece funcionalidades básicas de monitoreo. Registra logs detallados de cada tarea y permite visualizar el estado de los pipelines mediante su interfaz gráfica.

python

```python
from airflow import DAG
from airflow.operators.python_operator import PythonOperator
from datetime import datetime


def task_function():
    print("Processing data...")


default_args = {
    'owner': 'data_engineer',
    'start_date': datetime(2024, 1, 1),
    'retries': 1
}


with DAG('monitoring_pipeline', default_args=default_args,
schedule_interval='@hourly') as dag:
```

```
process_task = PythonOperator(
    task_id='process_data',
    python_callable=task_function
)
```

Los logs generados por cada ejecución pueden ser accedidos directamente en la interfaz web de Airflow.

Elasticsearch y Kibana

Elasticsearch, combinado con Kibana, es una solución popular para monitoreo y análisis de logs. Permite centralizar logs de diferentes componentes del pipeline y realizar búsquedas y análisis detallados para identificar problemas.

json

```json
{
  "timestamp": "2024-01-01T12:00:00Z",
  "pipeline_stage": "data_transformation",
  "status": "success",
  "records_processed": 1000,
  "latency_ms": 250
}
```

Logs como este pueden ser enviados a Elasticsearch, y Kibana puede configurarse para crear visualizaciones que destaquen anomalías o cuellos de botella.

Identificación de Cuellos de Botella

Los cuellos de botella en un pipeline ocurren cuando una o más etapas del proceso no logran mantener el ritmo de carga de trabajo, causando retrasos y reduciendo el rendimiento general. Identificarlos y resolverlos es esencial para mantener la eficiencia del pipeline.

Métodos para Identificar Cuellos de Botella

- **Análisis de Métricas:** usar herramientas de monitoreo para identificar etapas con alta latencia o tasa de errores.

- **Pruebas de Carga:** simular grandes volúmenes de datos para identificar límites de rendimiento.

- **Logs Detallados:** analizar logs para encontrar puntos de falla o retrasos inesperados.

- **Trazadores de Flujo:** herramientas como OpenTelemetry permiten rastrear el camino completo de los datos a través del pipeline, resaltando etapas problemáticas.

python

```python
# Ejemplo de simulación de carga para probar el pipeline
import time
import random


def simulate_pipeline_load(records):
    start_time = time.time()
    processed = 0
    for record in records:
        time.sleep(random.uniform(0.01, 0.1)) # Simula
```

```
procesamiento variable
        processed += 1
    latency = time.time() - start_time
    return processed, latency


records = [{"id": i, "data": f"value_{i}"} for i in range(1000)]
processed, latency = simulate_pipeline_load(records)
print(f"Processed {processed} records in {latency:.2f} seconds")
```

Optimización de Pipelines

Una vez identificados los cuellos de botella, se pueden aplicar las siguientes estrategias para optimizar el rendimiento del pipeline.

1. Escalabilidad

Aumentar la capacidad de procesamiento mediante escalabilidad vertical (más recursos en un nodo) o horizontal (más nodos en el sistema).

- **Escalabilidad Vertical:** actualizar hardware o asignar más memoria y CPU.

- **Escalabilidad Horizontal:** configurar sistemas distribuidos como Apache Spark para procesar datos en paralelo.

2. Procesamiento Paralelo

Dividir el trabajo en tareas más pequeñas que puedan ejecutarse simultáneamente. Herramientas como Python multiprocessing o frameworks distribuidos como Hadoop y Spark son ideales.

python

```python
from multiprocessing import Pool


def process_record(record):
    return record['id'], len(record['data'])


records = [{"id": i, "data": f"value_{i}"} for i in range(1000)]
with Pool(4) as pool:
    results = pool.map(process_record, records)
```

3. Optimización de Consultas y Transformaciones

Reducir la complejidad de las operaciones realizadas en el pipeline. Esto incluye:

- Crear índices en tablas de base de datos.

- Usar algoritmos más eficientes para transformaciones.

- Reducir el volumen de datos procesados mediante filtros.

sql

```sql
-- Creando un índice para mejorar el rendimiento de las consultas
CREATE INDEX idx_date ON transactions(transaction_date);
```

4. Caché de Resultados

Almacenar resultados intermedios en sistemas de caché como

Redis para evitar recalcular las mismas operaciones.

python

```python
import redis

cache = redis.StrictRedis(host='localhost', port=6379,
decode_responses=True)

def get_cached_result(key):
    result = cache.get(key)
    if result:
        return result
    result = perform_heavy_computation(key)
    cache.set(key, result)
    return result
```

5. Procesamiento Incremental

Procesar solo los datos que han sido modificados o añadidos desde la última ejecución, ahorrando recursos.

sql

```sql
-- Seleccionando solo registros nuevos
SELECT * FROM sales WHERE last_updated > '2024-01-01
00:00:00';
```

Automatización de Monitoreo y Alertas

Automatizar el monitoreo y configurar alertas en tiempo real permite que los problemas sean detectados y solucionados rápidamente.

yaml

```yaml
# Configuración de alerta en Prometheus
alerting:
  alertmanagers:
    - static_configs:
        - targets: ['localhost:9093']
alerts:
  - alert: HighLatency
    expr: pipeline_latency_seconds > 5
    for: 1m
    labels:
      severity: critical
    annotations:
      summary: "Pipeline latency is too high"
      description: "The pipeline latency has exceeded 5 seconds
for the last 1 minute."
```

Monitorear y optimizar pipelines de datos es un proceso continuo que exige atención a los detalles y un enfoque estratégico para tratar cuellos de botella y problemas de rendimiento. Con herramientas adecuadas, buenas prácticas de diseño y una mentalidad orientada a la mejora, es posible construir pipelines robustos que satisfagan las crecientes demandas de los sistemas basados en datos. La integración de soluciones de monitoreo, automatización y escalabilidad garantiza que los pipelines se mantengan eficientes y confiables a lo largo del tiempo.

CAPÍTULO 13. SEGURIDAD Y GOBERNANZA DE DATOS

La seguridad y la gobernanza de datos son pilares esenciales para el éxito de cualquier estrategia de ingeniería de datos. Garantizar la protección de la información contra accesos no autorizados, así como implementar políticas de gobernanza que aseguren el cumplimiento de normativas y estándares, es una tarea indispensable para proteger la privacidad, la integridad y la confiabilidad de los datos.

Seguridad de Datos: Una Visión General

La seguridad de datos abarca prácticas, herramientas y metodologías diseñadas para proteger la información contra robo, pérdida, corrupción y uso indebido. En un entorno de ingeniería de datos, esto incluye proteger pipelines de datos, sistemas de almacenamiento, redes y puntos de acceso de datos.

Principios Fundamentales de la Seguridad de Datos

- **Confidencialidad:** garantizar que solo personas autorizadas tengan acceso a los datos.

- **Integridad:** proteger los datos contra modificaciones no autorizadas o accidentales.

- **Disponibilidad:** asegurar que los datos estén accesibles para usuarios autorizados cuando sea necesario.

Gobernanza de Datos: La Base para el Cumplimiento

La gobernanza de datos se refiere al conjunto de políticas, procedimientos y prácticas para gestionar la calidad, seguridad y privacidad de los datos dentro de una organización. Asegura que las operaciones con datos estén alineadas con los objetivos organizacionales y cumplan con normativas legales como GDPR, LGPD y HIPAA.

Componentes de la Gobernanza de Datos

- **Políticas de Datos:** directrices que definen cómo deben gestionarse y utilizarse los datos.

- **Gestión de Accesos:** control sobre quién puede visualizar o modificar los datos.

- **Calidad de Datos:** garantía de que los datos sean precisos, consistentes y confiables.

- **Líneas de Auditoría:** registros detallados de todas las operaciones realizadas sobre los datos.

Prácticas Esenciales de Seguridad de Datos

Cifrado de Datos

El cifrado es una técnica fundamental para proteger datos en tránsito y en reposo. Convierte los datos en un formato ilegible que solo puede ser descifrado por personas autorizadas con la clave correcta.

python

```python
from cryptography.fernet import Fernet

# Generando una clave de cifrado
key = Fernet.generate_key()
cipher_suite = Fernet(key)

# Cifrando datos sensibles
data = "Sensitive Information"
encrypted_data = cipher_suite.encrypt(data.encode())
print(encrypted_data)

# Descifrando los datos
decrypted_data =
cipher_suite.decrypt(encrypted_data).decode()
print(decrypted_data)
```

El cifrado debe aplicarse a datos almacenados en bases de datos, archivos, APIs y durante la transmisión por redes.

Autenticación y Autorización

Implementar autenticación robusta y controles de autorización es crucial para evitar accesos no autorizados. Prácticas como la autenticación multifactor (MFA) y el principio de menor privilegio son ampliamente recomendadas.

python

```python
from werkzeug.security import generate_password_hash,
check_password_hash


# Almacenando contraseñas con hash
password = "securepassword"
hashed_password = generate_password_hash(password)


# Verificando contraseñas
is_valid      =      check_password_hash(hashed_password,
"securepassword")
print(is_valid)
```

Monitoreo y Detección de Amenazas

Monitorear continuamente el entorno de datos permite detectar y responder rápidamente a actividades sospechosas o ataques. Herramientas como SIEM (Security Information and Event Management) ayudan a centralizar logs y alertas.

python

```python
import logging


# Configurando logs para monitorear actividades
logging.basicConfig(filename='data_access.log',
level=logging.INFO)
logging.info('User accessed sensitive data at 2024-01-01
10:00:00')
```

Respaldo y Recuperación de Datos

Asegurar respaldos regulares y estrategias de recuperación es esencial para proteger los datos contra pérdidas o corrupción. Los respaldos deben almacenarse en lugares seguros y probarse regularmente para verificar su integridad.

Gobernanza de Datos: Implementación y Beneficios

Data Cataloging

Un catálogo de datos organiza la información disponible dentro de la organización, proporcionando contexto y metadatos que ayudan a los usuarios a localizar y entender los datos.

Herramientas como Apache Atlas y Alation pueden ser utilizadas para construir catálogos robustos.

python

```python
# Ejemplo básico de metadatos para un catálogo de datos
metadata = {
    "table_name": "customer_data",
    "columns": [
        {"name": "customer_id", "type": "INT", "description": "Unique identifier for customers"},
        {"name": "email", "type": "VARCHAR", "description": "Email address of the customer"},
        {"name": "signup_date", "type": "DATE", "description": "Date when the customer signed up"}
    ]
}
print(metadata)
```

Data Lineage

El seguimiento del ciclo de vida de los datos ayuda a identificar su origen, transformaciones realizadas y destino final. Esto garantiza transparencia y facilita auditorías.

python

```python
# Simulación de trazabilidad de datos
data_lineage = {
    "source": "CRM System",
    "transformations": ["Remove duplicates", "Standardize date format"],
    "destination": "Data Warehouse"
}
print(data_lineage)
```

Cumplimiento con Regulaciones

Adoptar prácticas de cumplimiento como anonimización y seudonimización de datos ayuda a proteger información sensible y cumplir requisitos legales.

python

```python
import hashlib

# Seudonimización de datos
email = "user@example.com"
hashed_email = hashlib.sha256(email.encode()).hexdigest()
print(hashed_email)
```

Gobernanza en Tiempo Real

La integración de políticas de gobernanza en pipelines de datos en tiempo real garantiza que los datos sean procesados de forma segura y en conformidad desde su ingesta.

Desafíos y Soluciones en Seguridad y Gobernanza

Escalabilidad

A medida que aumentan los volúmenes de datos, mantener la seguridad y la gobernanza se vuelve más desafiante. Las soluciones incluyen la automatización de procesos y el uso de herramientas escalables.

Integración de Datos Heterogéneos

Combinar datos de diferentes fuentes puede generar inconsistencias y vulnerabilidades. Implementar estándares y protocolos unificados ayuda a mitigar estos problemas.

Equilibrar Seguridad y Accesibilidad

Proteger los datos sin comprometer su usabilidad es una cuestión delicada. Estrategias como el control basado en roles (RBAC) ayudan a equilibrar estos objetivos.

python

```python
# Ejemplo básico de RBAC
roles = {
    "admin": ["read", "write", "delete"],
    "analyst": ["read", "write"],
    "viewer": ["read"]
```

```
}

def has_permission(role, action):
    return action in roles.get(role, [])

print(has_permission("analyst", "delete"))  # False
print(has_permission("viewer", "read"))    # True
```

Herramientas para Seguridad y Gobernanza

- **Apache Ranger:** gestión centralizada de políticas de seguridad.

- **AWS Lake Formation:** gobernanza de datos en data lakes.

- **Collibra:** plataforma de gobernanza y calidad de datos.

Beneficios de la Seguridad y Gobernanza de Datos

- **Mitigación de Riesgos:** protección contra fugas de datos y violaciones de seguridad.

- **Cumplimiento Regulatorio:** evitar sanciones legales y mantener la confianza del cliente.

- **Calidad de Datos:** garantizar que los datos sean precisos y útiles para análisis.

- **Eficiencia Operativa:** procesos estandarizados reducen

redundancias y errores.

La seguridad y la gobernanza de datos son indispensables para cualquier organización que maneje información sensible y busque maximizar el valor de sus datos. Al implementar prácticas robustas, utilizar herramientas adecuadas y fomentar una cultura organizacional orientada a la seguridad y el cumplimiento, es posible proteger los datos, cumplir con regulaciones y crear una base sólida para decisiones estratégicas. Dominar estas prácticas es esencial para ingenieros de datos que desean liderar en un mercado cada vez más orientado por la información.

CAPÍTULO 14. INGENIERÍA DE DATOS EN ENTORNOS DE BIG DATA

La ingeniería de datos en entornos de Big Data implica el procesamiento, almacenamiento y análisis de volúmenes masivos de información, muchas veces en tiempo real o casi en tiempo real. A medida que aumentan el volumen, la variedad y la velocidad de los datos, herramientas y frameworks robustos como Hadoop y Spark se vuelven indispensables para afrontar estos desafíos. Este capítulo explora los principios, técnicas y ejemplos prácticos para trabajar en entornos de Big Data utilizando estas tecnologías.

El Contexto del Big Data

Big Data se refiere a conjuntos de datos grandes y complejos que no pueden ser gestionados con herramientas tradicionales de bases de datos. Se caracteriza por cinco V's principales:

- **Volumen:** cantidades masivas de datos, frecuentemente medidas en terabytes o petabytes.

- **Variedad:** datos estructurados, semiestructurados y no estructurados provenientes de diversas fuentes.

- **Velocidad:** necesidad de procesar datos en tiempo real o con baja latencia.

- **Veracidad:** garantizar la calidad y precisión de los datos para análisis confiables.

- **Valor:** el insight generado a partir de los datos procesados.

Estos desafíos exigen arquitecturas escalables y distribuidas que puedan procesar datos de forma eficiente y confiable.

Introducción a Hadoop

Hadoop es un framework de código abierto que permite el almacenamiento y procesamiento distribuido de grandes volúmenes de datos en clusters de computadoras. Está compuesto por cuatro componentes principales:

- **HDFS (Hadoop Distributed File System):** sistema de almacenamiento distribuido que guarda datos en bloques grandes distribuidos entre varios nodos.

- **MapReduce:** modelo de programación para procesar grandes volúmenes de datos en paralelo.

- **YARN (Yet Another Resource Negotiator):** gestor de recursos que coordina tareas en clusters.

- **Hadoop Common:** conjunto de bibliotecas y utilitarios necesarios para operar Hadoop.

Trabajando con HDFS

bash

```
# Creando un directorio en HDFS
```

```
hdfs dfs -mkdir /user/data

# Cargando un archivo a HDFS
hdfs dfs -put localfile.txt /user/data/

# Listando archivos en HDFS
hdfs dfs -ls /user/data

# Leyendo un archivo desde HDFS
hdfs dfs -cat /user/data/localfile.txt
```

Procesamiento con MapReduce

java

```
import org.apache.hadoop.conf.Configuration;
import org.apache.hadoop.fs.Path;
import org.apache.hadoop.io.IntWritable;
import org.apache.hadoop.io.Text;
import org.apache.hadoop.mapreduce.Job;
import org.apache.hadoop.mapreduce.Mapper;
import org.apache.hadoop.mapreduce.Reducer;
import org.apache.hadoop.mapreduce.lib.input.FileInputFormat;
import org.apache.hadoop.mapreduce.lib.output.FileOutputFormat;
```

```java
import java.io.IOException;

public class WordCount {
    public static class TokenizerMapper extends Mapper<Object,
Text, Text, IntWritable> {
        private final static IntWritable one = new IntWritable(1);
        private Text word = new Text();


        public void map(Object key, Text value, Context context)
throws IOException, InterruptedException {
            String[] tokens = value.toString().split("\\s+");
            for (String token : tokens) {
                word.set(token);
                context.write(word, one);
            }
        }
    }


    public static class IntSumReducer extends Reducer<Text,
IntWritable, Text, IntWritable> {
        public void reduce(Text key, Iterable<IntWritable> values,
Context context) throws IOException, InterruptedException {
            int sum = 0;
            for (IntWritable val : values) {
                sum += val.get();
```

```
        }
        context.write(key, new IntWritable(sum));
    }
}


public static void main(String[] args) throws Exception {
    Configuration conf = new Configuration();
    Job job = Job.getInstance(conf, "word count");
    job.setJarByClass(WordCount.class);
    job.setMapperClass(TokenizerMapper.class);
    job.setReducerClass(IntSumReducer.class);
    job.setOutputKeyClass(Text.class);
    job.setOutputValueClass(IntWritable.class);
    FileInputFormat.addInputPath(job, new Path(args[0]));
    FileOutputFormat.setOutputPath(job, new Path(args[1]));
    System.exit(job.waitForCompletion(true) ? 0 : 1);
    }
}
```

Este programa implementa un conteo de palabras usando MapReduce, donde el Mapper divide el texto en palabras y el Reducer suma las ocurrencias.

Introducción a Apache Spark

Apache Spark es una herramienta de procesamiento de datos distribuida conocida por su velocidad y facilidad de uso. Soporta varios lenguajes, incluidos Python, Java y Scala, y proporciona APIs para procesamiento en memoria.

Componentes Principales de Spark

- **Spark Core:** gestiona el procesamiento y la gestión de tareas.

- **Spark SQL:** soporte para consultas SQL sobre datos estructurados.

- **Spark Streaming:** procesamiento de flujos de datos en tiempo real.

- **MLlib:** biblioteca de machine learning para tareas analíticas avanzadas.

- **GraphX:** API para procesamiento de grafos.

Procesamiento de Datos con Spark

python

```python
from pyspark.sql import SparkSession

# Creando una sesión Spark
spark = SparkSession.builder.appName("BigDataProcessing").getOrCreate()

# Cargando un archivo CSV
```

```
data = spark.read.csv("hdfs://localhost:9000/user/data/
sales.csv", header=True, inferSchema=True)


# Filtrando datos
filtered_data = data.filter(data['amount'] > 100)


# Agrupando y sumando ventas por categoría
aggregated_data =
filtered_data.groupBy("category").sum("amount")


# Mostrando los resultados
aggregated_data.show()


# Guardando los resultados en HDFS
aggregated_data.write.csv("hdfs://localhost:9000/user/data/
processed_sales")
```

Comparación entre Hadoop y Spark

Característica	Hadoop	Spark
Procesamiento	Basado en disco	Basado en memoria
Velocidad	Más lento	Más rápido

Facilidad de uso	Requiere programación extensiva	APIs amigables en varios lenguajes
Casos de uso	Procesamiento por lotes	Procesamiento por lotes y en tiempo real

Buenas Prácticas en Big Data

- **Particionamiento de Datos:** divida grandes conjuntos de datos en particiones más pequeñas para procesamiento paralelo eficiente.

- **Evite Movimiento Excesivo:** minimice transferencias de datos entre nodos para reducir latencia.

- **Uso de Cachés:** almacene resultados intermedios en memoria para acelerar operaciones posteriores.

- **Escalabilidad Horizontal:** agregue más nodos al cluster para aumentar la capacidad de procesamiento.

Seguridad en Entornos de Big Data

Proteger datos en entornos de Big Data es crucial. Las medidas incluyen:

- Cifrado de datos en reposo y en tránsito.

- Autenticación y autorización robustas.

- Monitoreo continuo de actividades en el cluster.

python

```python
# Configuración básica de seguridad en Spark
spark = SparkSession.builder \
    .appName("SecureBigDataApp") \
    .config("spark.hadoop.fs.s3a.access.key", "your-access-key") \
    .config("spark.hadoop.fs.s3a.secret.key", "your-secret-key") \
    .getOrCreate()
```

La ingeniería de datos en entornos de Big Data exige herramientas poderosas como Hadoop y Spark para procesar volúmenes masivos de información de forma eficiente. Con prácticas robustas y atención a la seguridad, es posible implementar pipelines escalables y confiables, extrayendo valor de datos complejos y variados. Los profesionales que dominan estas tecnologías están preparados para liderar proyectos en un mundo cada vez más orientado por los datos.

CAPÍTULO 15. INTEGRACIÓN CON APIS Y WEB SERVICES

La integración con APIs (Application Programming Interfaces) y Web Services es una práctica esencial para ingenieros de datos que necesitan recolectar y consumir datos externos de forma eficiente y segura. Las APIs son interfaces estandarizadas que permiten la comunicación entre diferentes sistemas, mientras que los Web Services representan una implementación más específica de APIs que utilizan protocolos basados en XML o JSON para el intercambio de información.

Esta integración se usa ampliamente para acceder a datos en tiempo real, automatizar flujos de trabajo y enriquecer bases de datos locales con información proveniente de fuentes externas como servicios financieros, plataformas de redes sociales, sistemas CRM y APIs públicas.

El Rol de las APIs en la Ingeniería de Datos

Las APIs son el punto de contacto entre un consumidor (cliente) y un proveedor de servicios. Proveen un medio estandarizado para realizar operaciones como lectura, escritura, actualización y eliminación de datos en sistemas externos.

Tipos de APIs

- **REST (Representational State Transfer):** APIs basadas

en HTTP, que utilizan métodos como GET, POST, PUT y DELETE.

- **SOAP (Simple Object Access Protocol):** APIs basadas en XML y protocolos más estrictos, como WSDL.

- **GraphQL:** un lenguaje de consulta que permite recuperar exactamente los datos necesarios.

- **gRPC:** un framework de llamadas a procedimientos remotos de alto rendimiento, usado principalmente en microservicios.

REST es el estándar más ampliamente adoptado debido a su simplicidad, flexibilidad y compatibilidad con diferentes sistemas.

Estructura Básica de una Solicitud RESTful

Una solicitud a una API RESTful generalmente incluye los siguientes elementos:

- **Endpoint:** la URL que representa el recurso, como https://api.example.com/v1/users.

- **Método HTTP:** define la operación a realizar, como GET (obtener), POST (crear), PUT (actualizar) o DELETE (eliminar).

- **Headers (Encabezados):** contienen metadatos sobre la solicitud, como autenticación y formato de respuesta esperado.

- **Body (Cuerpo de la Solicitud):** usado para enviar datos en operaciones como POST y PUT.

Trabajando con APIs usando Python

Python ofrece bibliotecas robustas como requests para interactuar con APIs de manera simple y eficiente.

Solicitud GET

python

```
import requests


# Realizando una solicitud GET
url = "https://api.openweathermap.org/data/2.5/weather"
params = {
    "q": "São Paulo",
    "appid": "your_api_key"
}
response = requests.get(url, params=params)


# Verificando el estado de la respuesta
if response.status_code == 200:
    data = response.json()
    print(f"Temperature: {data['main']['temp']}°K")
else:
    print(f"Failed to fetch data: {response.status_code}")
```

Solicitud POST

python

```python
# Realizando una solicitud POST
url = "https://api.example.com/v1/users"
headers = {"Authorization": "Bearer your_token"}
payload = {
    "name": "John Doe",
    "email": "john.doe@example.com",
    "password": "securepassword"
}
response = requests.post(url, headers=headers, json=payload)

# Verificando el estado de la respuesta
if response.status_code == 201:
    print("User created successfully.")
else:
    print(f"Failed to create user: {response.status_code}")
```

Consumo de APIs en Entornos de Producción

Gestión de Claves de API

python

```python
import os

# Obteniendo la clave API desde una variable de entorno
api_key = os.getenv("API_KEY")
```

```python
url = f"https://api.example.com/data?key={api_key}"
response = requests.get(url)
```

Manejo de Errores

python

```python
response = requests.get("https://api.example.com/data")
if response.status_code == 200:
    print("Success!")
elif response.status_code == 404:
    print("Resource not found.")
elif response.status_code == 401:
    print("Unauthorized access.")
else:
    print(f"Unexpected error: {response.status_code}")
```

Paginación

python

```python
url = "https://api.example.com/v1/items"
params = {"page": 1, "limit": 50}

while True:
    response = requests.get(url, params=params)
    data = response.json()
    if not data['items']:
```

```
    break
  for item in data['items']:
    print(item)
  params['page'] += 1
```

Integración con Web Services SOAP

Aunque menos común actualmente, SOAP sigue siendo ampliamente utilizado en sectores como finanzas y salud, donde la consistencia y rigidez del protocolo son preferidas.

Consumir un Servicio SOAP con Python

python

```
from zeep import Client

# Creando el cliente SOAP
wsdl = "https://www.example.com/service?wsdl"
client = Client(wsdl=wsdl)

# Llamando un método del servicio
response = client.service.GetCustomerDetails(customerId=123)
print(response)
```

Implementando APIs para Integración de Datos

Los ingenieros de datos también pueden crear APIs para compartir datos internos o integrar sistemas. Frameworks como Flask y FastAPI son ampliamente usados en Python para crear

APIs.

Creando una API Simple con Flask

python

```python
from flask import Flask, request, jsonify

app = Flask(__name__)

# Simulando una base de datos
users = [
    {"id": 1, "name": "Alice"},
    {"id": 2, "name": "Bob"}
]

@app.route("/users", methods=["GET"])
def get_users():
    return jsonify(users)

@app.route("/users/<int:user_id>", methods=["GET"])
def get_user(user_id):
    user = next((u for u in users if u["id"] == user_id), None)
    if user:
        return jsonify(user)
    return jsonify({"error": "User not found"}), 404
```

```
if __name__ == "__main__":
    app.run(debug=True)
```

Buenas Prácticas para Integración con APIs

- **Documentación:** use herramientas como Swagger o Postman para documentar y probar APIs.

- **Rate Limiting:** respete los límites impuestos por proveedores para evitar bloqueos.

- **Caché de Respuestas:** implemente caching para reducir llamadas repetitivas.

- **Seguridad:** utilice siempre HTTPS y autenticación robusta para proteger los datos.

- **Monitoreo:** supervise latencia y tasa de errores de las solicitudes para detectar problemas.

La integración con APIs y Web Services es un aspecto vital de la ingeniería de datos moderna, permitiendo que los sistemas se conecten a fuentes externas de datos y compartan información de manera eficiente. Con el dominio de técnicas, herramientas y buenas prácticas descritas en este capítulo, los ingenieros de datos pueden implementar soluciones robustas que maximicen el valor de los datos y mejoren la interoperabilidad entre sistemas.

CAPÍTULO 16. MACHINE LEARNING E INGENIERÍA DE DATOS

La integración entre ingeniería de datos y machine learning es esencial para el desarrollo de modelos robustos y precisos. La preparación de datos es una etapa crítica que afecta directamente el rendimiento y la precisión de los algoritmos de aprendizaje automático. Este capítulo explora las mejores prácticas, herramientas y técnicas para organizar, limpiar y transformar los datos en conjuntos listos para el entrenamiento y evaluación de modelos.

El Rol de la Ingeniería de Datos en el Machine Learning

La ingeniería de datos proporciona la base necesaria para alimentar modelos de machine learning con datos de calidad. Esta etapa incluye la recolección, limpieza, transformación e integración de información proveniente de diversas fuentes. Sin un pipeline de datos bien diseñado, los modelos enfrentan problemas como inconsistencias, valores ausentes o redundancias, lo que puede comprometer su rendimiento.

Principales Desafíos en la Preparación de Datos

- Inconsistencia de Formatos: los datos de distintas fuentes pueden tener formatos diferentes.

- Valores Ausentes: lagunas en los datos pueden dificultar el entrenamiento del modelo.

- Outliers: valores atípicos pueden distorsionar los resultados del aprendizaje.

- Desequilibrio de Clases: en problemas de clasificación, clases desbalanceadas pueden generar modelos sesgados.

- Alta Dimensionalidad: datos con muchas variables irrelevantes pueden aumentar la complejidad sin aportar valor al modelo.

Etapas de la Preparación de Datos

1. Recolección de Datos

python

```python
import pandas as pd


# Cargando datos desde múltiples fuentes
db_data = pd.read_sql_query("SELECT * FROM transactions",
connection)
api_data = pd.read_json("https://api.example.com/data")
csv_data = pd.read_csv("local_data.csv")


# Combinando datos en un solo DataFrame
combined_data = pd.concat([db_data, api_data, csv_data],
ignore_index=True)
```

```
print(combined_data.head())
```

2. Limpieza de Datos

python

```
# Eliminando valores nulos
cleaned_data = combined_data.dropna()

# Eliminando duplicados
cleaned_data = cleaned_data.drop_duplicates()

# Corrigiendo formatos de columnas
cleaned_data['date'] = pd.to_datetime(cleaned_data['date'])
print(cleaned_data.info())
```

3. Transformación de Datos

Normalización:

python

```
from sklearn.preprocessing import MinMaxScaler

scaler = MinMaxScaler()
scaled_data = scaler.fit_transform(cleaned_data[['amount',
'price']])
```

Codificación de Variables Categóricas:

python

```python
from sklearn.preprocessing import OneHotEncoder

encoder = OneHotEncoder(sparse=False)
encoded_data =
encoder.fit_transform(cleaned_data[['category']])
```

4. Extracción de Características (Feature Engineering)

python

```python
# Creando una nueva variable
cleaned_data['order_value']    =    cleaned_data['quantity']    *
cleaned_data['price']


# Transformando datos temporales
cleaned_data['order_month'] = cleaned_data['date'].dt.month
cleaned_data['order_day_of_week'] =
cleaned_data['date'].dt.dayofweek
```

5. División de Datos

python

```python
from sklearn.model_selection import train_test_split

X = cleaned_data.drop(columns=['target'])
y = cleaned_data['target']

X_train, X_test, y_train, y_test = train_test_split(X, y,
test_size=0.2, random_state=42)
```

Pipelines Automatizados para Machine Learning

python

```python
from sklearn.pipeline import Pipeline
from sklearn.impute import SimpleImputer
from sklearn.ensemble import RandomForestClassifier

# Creando un pipeline
pipeline = Pipeline([
    ('imputer', SimpleImputer(strategy='mean')),
    ('scaler', MinMaxScaler()),
    ('model', RandomForestClassifier(random_state=42))
])

# Entrenando el pipeline
pipeline.fit(X_train, y_train)

# Evaluando el rendimiento
accuracy = pipeline.score(X_test, y_test)
print(f"Accuracy: {accuracy:.2f}")
```

Trabajando con Grandes Volúmenes de Datos

Procesamiento con Dask

python

```python
import dask.dataframe as dd


# Cargando datos con Dask
dask_data = dd.read_csv("large_dataset.csv")


# Operaciones paralelas
filtered_data = dask_data[dask_data['amount'] > 1000]
aggregated_data =
filtered_data.groupby('category').sum().compute()
print(aggregated_data)
```

Procesamiento con PySpark

python

```python
from pyspark.sql import SparkSession


# Creando una sesión Spark
spark =
SparkSession.builder.appName("MLDataPreparation").getOrCre
ate()


# Cargando datos
spark_data = spark.read.csv("large_dataset.csv", header=True,
inferSchema=True)


# Transformaciones
filtered_data = spark_data.filter(spark_data['amount'] > 1000)
```

```
aggregated_data =
filtered_data.groupBy("category").sum("amount")

aggregated_data.show()
```

Buenas Prácticas en la Preparación de Datos

- **Automatización:** use pipelines para garantizar consistencia y reproducibilidad.

- **Validación Cruzada:** evalúe el modelo con diferentes particiones para evitar sobreajuste.

- **Monitoreo de Datos:** observe cambios en los datos para prevenir que modelos antiguos queden obsoletos.

- **Documentación:** registre cada transformación para facilitar la interpretación de resultados.

Integración de Machine Learning con Ingeniería de Datos

Ingenieros de datos y científicos de datos frecuentemente colaboran para crear pipelines robustos que integren preprocesamiento y aprendizaje automático. Herramientas como MLflow permiten gestionar experimentos, registrar métricas y desplegar modelos.

python

```
import mlflow

from sklearn.ensemble import GradientBoostingClassifier


# Configurando el tracking de experimentos
```

```python
mlflow.set_tracking_uri("http://localhost:5000")
mlflow.set_experiment("ml_pipeline_experiment")

with mlflow.start_run():
    model = GradientBoostingClassifier()
    model.fit(X_train, y_train)

    # Registrando métricas
    accuracy = model.score(X_test, y_test)
    mlflow.log_metric("accuracy", accuracy)

    # Registrando el modelo
    mlflow.sklearn.log_model(model, "model")
```

La preparación de datos es un componente vital en la integración entre ingeniería de datos y machine learning. Con pipelines bien diseñados, técnicas adecuadas y uso de herramientas modernas, los ingenieros de datos pueden transformar datos crudos en conjuntos listos para el aprendizaje automático, garantizando la calidad y eficiencia de los modelos. Los profesionales que dominan estas prácticas desempeñan un rol crucial en la entrega de soluciones basadas en inteligencia artificial.

CAPÍTULO 17. PRUEBAS AUTOMATIZADAS EN PIPELINES DE DATOS

Las pruebas automatizadas en pipelines de datos son fundamentales para garantizar la confiabilidad, precisión y robustez de las operaciones en cada etapa del proceso. Con el aumento de la complejidad de los sistemas de datos, la implementación de una estrategia de pruebas bien estructurada es esencial para evitar problemas como datos corruptos, retrasos en el procesamiento y errores de integración.

Los pipelines de datos involucran varias etapas, como extracción, transformación, carga, limpieza y validación, cada una sujeta a errores. Las pruebas automatizadas ayudan a identificar y corregir fallos antes de que impacten en los sistemas y usuarios finales.

¿Por qué Probar Pipelines de Datos?

A diferencia de los sistemas tradicionales, los pipelines de datos no solo producen código ejecutable, sino que también manejan la integridad, consistencia y calidad de la información. Por lo tanto, las pruebas aseguran que:

- Los datos se extraigan correctamente desde distintas fuentes.

- Las transformaciones aplicadas sean correctas.

- Los datos cargados en el destino mantengan su integridad.

- Las dependencias entre etapas del pipeline se respeten.

Tipos de Pruebas en Pipelines de Datos

1. Pruebas Unitarias

python

```python
import unittest

def calculate_total(price, quantity):
    return price * quantity

class TestTransformations(unittest.TestCase):
    def test_calculate_total(self):
        self.assertEqual(calculate_total(10, 2), 20)
        self.assertEqual(calculate_total(5, 0), 0)

if __name__ == "__main__":
    unittest.main()
```

2. Pruebas de Integración

python

```python
import sqlite3
```

```python
def test_database_connection():
    connection = sqlite3.connect(":memory:")
    cursor = connection.cursor()
    cursor.execute("CREATE TABLE test (id INTEGER, name TEXT)")
    cursor.execute("INSERT INTO test (id, name) VALUES (1, 'Alice')")
    connection.commit()

    cursor.execute("SELECT * FROM test")
    results = cursor.fetchall()
    assert results == [(1, 'Alice')]

    connection.close()
```

3. Pruebas de Regresión

python

```python
from pandas.testing import assert_frame_equal
import pandas as pd

def test_regression():
    old_data = pd.DataFrame({"col1": [1, 2], "col2": ["A", "B"]})
    new_data = pd.DataFrame({"col1": [1, 2], "col2": ["A", "B"]})
    assert_frame_equal(old_data, new_data)
```

4. Pruebas de Rendimiento

python

```
import time

def test_performance():
    start_time = time.time()
    result = [x**2 for x in range(10**6)]
    end_time = time.time()
    elapsed_time = end_time - start_time
    assert elapsed_time < 2, f"Pipeline took too long: {elapsed_time} seconds"
```

5. Pruebas de Calidad de Datos

python

```
import pandas as pd

def test_data_quality():
    data = pd.DataFrame({
        "id": [1, 2, None],
        "value": [100, 200, 300]
    })
    assert data["id"].isnull().sum() == 0, "Missing IDs in data"
```

Estrategias para Pruebas Automatizadas

1. Mocking y Simulación

python

```python
from unittest.mock import Mock

def test_api_call():
    mock_api = Mock()
    mock_api.get.return_value = {"status": "success", "data": [1, 2, 3]}
    response = mock_api.get("https://api.example.com/data")
    assert response["status"] == "success"
```

2. Datos de Prueba

python

```python
import pandas as pd

test_data = pd.DataFrame({
    "user_id": [1, 2, 3],
    "purchase_amount": [50.0, 100.0, None]
})
```

3. Automatización con Herramientas de CI/CD

yaml

```yaml
# Configuración básica de un pipeline CI usando GitHub Actions
name: Data Pipeline Tests
```

```yaml
on:
  push:
    branches:
      - main

jobs:
  test:
    runs-on: ubuntu-latest
    steps:
      - name: Checkout repository
        uses: actions/checkout@v2
      - name: Set up Python
        uses: actions/setup-python@v2
        with:
          python-version: 3.9
      - name: Install dependencies
        run: pip install -r requirements.txt
      - name: Run tests
        run: pytest
```

4. Validación de Resultados

python

```python
expected_output = {"id": [1, 2, 3], "total": [100, 200, 300]}
actual_output = {"id": [1, 2, 3], "total": [100, 200, 300]}
```

```
assert expected_output == actual_output, "Output does not
match expected"
```

Desafíos y Soluciones en Pruebas de Pipelines

Escalabilidad

- Usar subconjuntos representativos de datos.

- Ejecutar pruebas de rendimiento en ambientes paralelos.

Datos Dinámicos

- Usar mocking y snapshots para simular fuentes externas cambiantes.

Integración Compleja

- Orquestar pruebas detalladas con herramientas como Apache Airflow.

python

```python
from airflow.models import DAG

from airflow.operators.python_operator import PythonOperator

from datetime import datetime


def test_step_1():
    assert 1 + 1 == 2
```

```
def test_step_2():
    assert 2 * 2 == 4


with DAG('pipeline_test_dag', start_date=datetime(2024, 1, 1)) as dag:
    step_1 = PythonOperator(task_id='test_step_1', python_callable=test_step_1)
    step_2 = PythonOperator(task_id='test_step_2', python_callable=test_step_2)
    step_1 >> step_2
```

Herramientas para Pruebas Automatizadas

- **Pytest:** framework flexible y poderoso para pruebas en Python.

- **Great Expectations:** plataforma específica para validar calidad de datos.

- **Apache Airflow:** orquestación y monitoreo de pipelines, incluidos tests.

- **Postman/Newman:** pruebas de APIs y validación de endpoints usados en el pipeline.

Las pruebas automatizadas son esenciales para mantener la confiabilidad y eficiencia de los pipelines de datos. La implementación de estrategias completas para probar cada etapa del pipeline reduce riesgos y garantiza que los datos procesados cumplan con los estándares esperados. Con la combinación de herramientas modernas, buenas prácticas y automatización, los ingenieros de datos pueden construir pipelines confiables que soporten las crecientes demandas de un mundo orientado por los datos.

CAPÍTULO 18. CI/CD PARA INGENIERÍA DE DATOS

La automatización del despliegue de pipelines de datos es esencial para garantizar la eficiencia, escalabilidad y consistencia de las operaciones en sistemas modernos de ingeniería de datos. La adopción de prácticas de Integración Continua (CI) y Entrega Continua (CD) permite que los cambios en el código o la infraestructura sean probados, validados e implementados automáticamente, reduciendo errores humanos y acelerando el ciclo de desarrollo.

La combinación de CI/CD con pipelines de datos ayuda a crear flujos de trabajo robustos y confiables, optimizando la integración de nuevas funcionalidades, la actualización de componentes y la detección de fallos en etapas tempranas del proceso.

¿Qué es CI/CD?

CI/CD se refiere a un conjunto de prácticas que automatizan las etapas de integración y entrega de código o pipelines de datos. El objetivo es implementar cambios de forma incremental y continua, minimizando riesgos y permitiendo iteraciones rápidas.

Integración Continua (CI)

- Incluye la ejecución automática de pruebas tan pronto como el código es enviado al repositorio.

- Detecta problemas rápidamente y proporciona feedback inmediato a los desarrolladores.

Entrega Continua (CD)

- Asegura que el código probado esté listo para desplegarse en cualquier entorno, desde desarrollo hasta producción.

- Automatiza el proceso de deployment para entornos específicos.

Despliegue Continuo

- Extensión de la entrega continua, donde los cambios aprobados se implementan automáticamente en el entorno de producción.

Beneficios de CI/CD en Pipelines de Datos

- **Confiabilidad:** reduce fallos al probar y validar cambios automáticamente.

- **Velocidad:** acelera el ciclo de desarrollo y despliegue.

- **Consistencia:** garantiza que el mismo proceso se siga en todos los entornos.

- **Escalabilidad:** facilita la implementación de cambios en sistemas complejos y distribuidos.

Componentes de CI/CD para Ingeniería de Datos

- **Repositorio de Código:** contiene el código del pipeline, scripts SQL, definiciones de tareas y documentación. Herramientas comunes: GitHub, GitLab, Bitbucket.

- **Servicio de CI/CD:** automatiza la ejecución de pruebas, verificación de calidad de código y despliegue. Ejemplos: Jenkins, GitHub Actions, GitLab CI/CD, CircleCI.

- **Pipeline de Pruebas:** incluye pruebas unitarias, de integración, regresión y validación de datos.

- **Orquestador de Pipelines:** gestiona la ejecución de tareas en pipelines de datos. Ejemplos: Apache Airflow, Prefect, Dagster.

- **Entornos de Despliegue:** configurados para desarrollo, pruebas, homologación y producción.

Configurando un Pipeline CI/CD para Pipelines de Datos

Estructura Básica de un Pipeline CI/CD

- **Construcción:** configuración del entorno y preparación de artefactos necesarios.

- **Pruebas:** ejecución de pruebas automatizadas para validar cambios.

- **Validación:** verificación de calidad del código y conformidad con estándares.

- **Despliegue:** implementación de los cambios en entornos de destino.

Ejemplo: Configuración con GitHub Actions

yaml

```
name: CI/CD for Data Pipelines

on:
  push:
    branches:
      - main

jobs:
  build-test-deploy:
    runs-on: ubuntu-latest

    steps:
    - name: Checkout code
      uses: actions/checkout@v2

    - name: Set up Python
```

```
uses: actions/setup-python@v2
with:
  python-version: 3.9

- name: Install dependencies
  run: |
    pip install -r requirements.txt

- name: Run tests
  run: pytest

- name: Deploy to production
  if: success()
  run: |
    python deploy_pipeline.py
```

En este ejemplo:

- El código se prueba automáticamente con pytest.

- Tras aprobar las pruebas, se ejecuta deploy_pipeline.py para desplegar el pipeline en producción.

Integración con Orquestadores de Pipelines

Apache Airflow

python

```python
from airflow import DAG
from airflow.operators.python_operator import PythonOperator
from datetime import datetime


def extract_data():
    print("Extracting data...")


def transform_data():
    print("Transforming data...")


def load_data():
    print("Loading data...")


with DAG('data_pipeline', start_date=datetime(2024, 1, 1), schedule_interval='@daily') as dag:
    extract = PythonOperator(task_id='extract', python_callable=extract_data)
    transform = PythonOperator(task_id='transform', python_callable=transform_data)
    load = PythonOperator(task_id='load', python_callable=load_data)

    extract >> transform >> load
```

Una vez definido el DAG, puede implementarse automáticamente como parte del pipeline CI/CD.

Despliegue Automatizado con Airflow

bash

```
# Copiando el archivo DAG al directorio de despliegue
scp data_pipeline.py airflow@server:/home/airflow/dags/
```

Validación de Configuraciones de Airflow

bash

```
airflow dags list
airflow dags validate data_pipeline
```

Pruebas y Validación de Pipelines de Datos

Pruebas Automatizadas

python

```
def test_data_extraction():
    extracted_data = extract_data_from_source()
    assert len(extracted_data) > 0, "No data extracted"


def test_data_transformation():
```

```
    transformed_data = transform_data(sample_data)
    assert transformed_data['value'].sum() > 0, "Transformation
failed"


def test_data_loading():
    result = load_data_to_target(transformed_data)
    assert result is True, "Data loading failed"
```

Pruebas de Rendimiento

python

```
import time


start_time = time.time()
run_pipeline()
end_time = time.time()
assert end_time - start_time < 300, "Pipeline execution took too
long"
```

Desafíos en la Implementación de CI/ CD para Pipelines de Datos

Configuración de Entornos

Mantener entornos consistentes es clave. Utilice herramientas como Docker para crear entornos estandarizados.

Monitoreo y Logs

Monitoree la ejecución de los pipelines en tiempo real y registre logs detallados para depuración.

Gestión de Dependencias

bash

pip freeze > requirements.txt

Buenas Prácticas

- **Automatice Todo:** desde pruebas hasta despliegues para minimizar errores humanos.

- **Use Control de Versiones:** para código, configuraciones y artefactos.

- **Implemente Rollbacks:** asegúrese de que los cambios puedan revertirse fácilmente.

- **Documente:** registre cada paso del pipeline para facilitar mantenimiento y auditorías.

La automatización del despliegue de pipelines de datos con CI/CD es una práctica indispensable para ingenieros de datos que buscan eficiencia, confiabilidad y escalabilidad en sus sistemas. Con herramientas adecuadas, estrategias sólidas de prueba y monitoreo continuo, es posible crear pipelines que respondan a las crecientes demandas de un mundo orientado por datos.

CAPÍTULO 19. ARQUITECTURA DE DATOS EN LA NUBE

La arquitectura de datos en la nube se ha convertido en un pilar esencial para las empresas que buscan escalabilidad, flexibilidad y eficiencia en la gestión de grandes volúmenes de datos. Plataformas como Amazon Web Services (AWS) y Google Cloud ofrecen herramientas robustas para construir y gestionar pipelines de datos que satisfacen las necesidades modernas de procesamiento y análisis a gran escala. Este capítulo explora cómo diseñar, implementar y optimizar pipelines escalables utilizando los servicios de estas plataformas.

¿Por Qué Elegir la Nube?

La computación en la nube ofrece beneficios únicos frente a infraestructuras locales:

- **Escalabilidad:** los recursos pueden ajustarse automáticamente para satisfacer demandas variables.

- **Flexibilidad:** soporte para datos estructurados, semiestructurados y no estructurados.

- **Costo-Efectividad:** modelo de pago por uso que elimina inversiones en hardware.

- **Disponibilidad Global:** acceso a los datos desde cualquier lugar con baja latencia.

- **Herramientas Integradas:** plataformas como AWS y Google Cloud proporcionan servicios preconfigurados para ingestión, transformación y análisis de datos.

Componentes de un Pipeline de Datos en la Nube

Un pipeline de datos en la nube consiste en varias etapas interconectadas que permiten la recolección, transformación, almacenamiento y análisis de información. Los principales componentes incluyen:

- **Ingesta de Datos:** captura datos de múltiples fuentes como APIs, sistemas de archivos y bases de datos.

- **Transformación:** procesa los datos para que sean utilizables por sistemas analíticos.

- **Almacenamiento:** asegura que los datos se almacenen en formatos y ubicaciones adecuados para futuras consultas y análisis.

- **Visualización y Análisis:** utiliza herramientas para crear dashboards, reportes y modelos predictivos.

AWS para Arquitectura de Datos en la Nube

AWS es una de las plataformas más utilizadas para arquitecturas de datos debido a su variedad de servicios integrados y flexibilidad. A continuación se muestra cómo se puede implementar cada componente del pipeline en AWS.

Ingesta de Datos con AWS

python

```python
import boto3

# Configurando el cliente Kinesis
kinesis_client = boto3.client('kinesis', region_name='us-east-1')

# Enviando datos al stream Kinesis
response = kinesis_client.put_record(
    StreamName='data_stream',
    Data=b'{"sensor_id": 123, "temperature": 22.5}',
    PartitionKey='partition_key'
)
print(response)
```

Transformación de Datos con AWS Glue

python

```python
import boto3

# Configurando el cliente Glue
glue_client = boto3.client('glue', region_name='us-east-1')

# Ejecutando un job Glue
response = glue_client.start_job_run(JobName='my_etl_job')
print(response)
```

Almacenamiento con Amazon S3 y Redshift

python

```python
# Configurando el cliente S3
s3_client = boto3.client('s3', region_name='us-east-1')


# Subiendo archivos a S3
s3_client.upload_file('local_file.csv', 'my_bucket', 'data/local_file.csv')
```

sql

```sql
-- Creando una tabla en Redshift
CREATE TABLE sales (
    sale_id INT,
    product_name VARCHAR(255),
    amount DECIMAL,
    sale_date TIMESTAMP
);


-- Cargando datos desde S3
COPY sales FROM 's3://my_bucket/data/sales.csv'
CREDENTIALS
'aws_access_key_id=YOUR_ACCESS_KEY;aws_secret_access_key=YOUR_SECRET_KEY'
CSV;
```

Visualización y Análisis con QuickSight

Amazon QuickSight es una herramienta poderosa para crear dashboards interactivos y reportes basados en datos almacenados en Redshift o S3.

Google Cloud para Arquitectura de Datos en la Nube

Google Cloud ofrece una solución igualmente sólida para construir pipelines de datos, con servicios como BigQuery, Dataflow y Cloud Storage.

Ingesta de Datos con Pub/Sub

python

```
from google.cloud import pubsub_v1


# Configurando el publisher
publisher = pubsub_v1.PublisherClient()
topic_path = publisher.topic_path('my_project', 'data_topic')


# Publicando mensajes
data = '{"sensor_id": 123, "temperature": 22.5}'
future = publisher.publish(topic_path, data.encode('utf-8'))
print(future.result())
```

Transformación con Dataflow

python

```
import apache_beam as beam
```

```python
# Definiendo el pipeline
with beam.Pipeline() as pipeline:
    (
        pipeline
        | 'Read from Pub/Sub' >> beam.io.ReadFromPubSub(topic='projects/my_project/topics/data_topic')
        | 'Transform Data' >> beam.Map(lambda x: x.decode('utf-8').upper())
        | 'Write to Storage' >> beam.io.WriteToText('gs://my_bucket/transformed_data.txt')
    )
```

Almacenamiento con Cloud Storage y BigQuery

python

```python
from google.cloud import bigquery

# Configurando el cliente BigQuery
client = bigquery.Client()

# Ejecutando una consulta en BigQuery
query = """
    SELECT product_name, SUM(amount) AS total_sales
    FROM `my_project.my_dataset.sales`
    GROUP BY product_name
```

```
    ORDER BY total_sales DESC
"""
query_job = client.query(query)
for row in query_job:
    print(f"{row.product_name}: {row.total_sales}")
```

Visualización con Looker Studio

Looker Studio (anteriormente Data Studio) permite crear reportes interactivos conectados directamente a BigQuery.

Buenas Prácticas para Arquitectura de Datos en la Nube

- **Particionamiento de Datos:** utilice particiones para optimizar consultas y reducir costos.

- **Seguridad:** implemente autenticación y cifrado en tránsito y en reposo.

- **Monitoreo:** utilice AWS CloudWatch o Google Cloud Monitoring para rastrear el rendimiento.

- **Automatización:** cree pipelines CI/CD para implementar y actualizar componentes automáticamente.

- **Control de Costos:** monitoree el uso de recursos para evitar sobrecostos.

Desafíos y Soluciones

- **Latencia:** utilice cachés locales y redes de entrega de contenido (CDNs) para reducir la latencia.

- **Integración de Datos Heterogéneos:** herramientas como Glue y Dataflow ayudan a unificar el procesamiento de diferentes fuentes.

- **Escalabilidad:** emplee servicios administrados que escalen automáticamente con la carga.

La construcción de pipelines escalables en plataformas como AWS y Google Cloud permite a las organizaciones manejar volúmenes masivos de datos de forma eficiente y confiable. La combinación de herramientas integradas, buenas prácticas y estrategias sólidas asegura que estos pipelines respondan a las necesidades actuales y futuras del procesamiento y análisis de datos. Con el dominio de estas tecnologías, los ingenieros de datos están bien preparados para enfrentar los desafíos de un mundo cada vez más orientado por la información.

CAPÍTULO 20. INTRODUCCIÓN AL DATAOPS

DataOps es una metodología emergente que aplica prácticas de DevOps a la gestión y a la ingeniería de datos, promoviendo una mayor agilidad, colaboración y automatización en los flujos de trabajo relacionados con datos. En un entorno donde los datos son cada vez más críticos para la toma de decisiones, DataOps se convierte en un enfoque esencial para integrar equipos, mejorar la calidad de los datos y acelerar el tiempo de entrega de insights.

¿Qué es DataOps?

DataOps, abreviación de "Data Operations", es una práctica que combina principios de desarrollo ágil, integración continua/ entrega continua (CI/CD) y automatización para optimizar el ciclo de vida de los datos. Va más allá de la ingeniería de datos al integrar equipos de TI, ciencia de datos y negocios para garantizar que los datos correctos estén disponibles en el momento adecuado.

Los pilares de DataOps incluyen:

- **Colaboración entre Equipos:** integración de ingenieros de datos, científicos de datos y analistas.

- **Automatización de Procesos:** eliminación de tareas repetitivas y reducción de errores manuales.

- **Monitoreo Continuo:** rastreo de métricas de desempeño y calidad de los datos en tiempo real.

- **Iteración Continua:** implementación de mejoras rápidas con base en feedback.

Beneficios de DataOps

- **Agilidad:** reducción del tiempo necesario para entregar insights accionables.

- **Confiabilidad:** mayor control de calidad y menos errores en los datos.

- **Eficiencia:** automatización de tareas repetitivas libera recursos para proyectos estratégicos.

- **Escalabilidad:** pipelines de datos diseñados para crecer junto con la organización.

Diferencias entre DevOps y DataOps

Aspecto	DevOps	DataOps
Objetivo	Entrega de software	Entrega de datos
Artefactos	Código y aplicaciones	Datos y pipelines
Herramientas	CI/CD, monitoreo de apps	ETL, gestión de calidad

Colaboración	Devs y Ops	Ingenieros de datos y analistas

Componentes Fundamentales de DataOps

1. Automatización de Pipelines

python

```python
from airflow import DAG
from airflow.operators.python_operator import PythonOperator
from datetime import datetime


def ingest_data():
    print("Ingesting data from source...")


def transform_data():
    print("Transforming data...")


def validate_data():
    print("Validating data integrity...")


with DAG('dataops_pipeline', start_date=datetime(2024, 1, 1), schedule_interval='@daily') as dag:
    ingest = PythonOperator(task_id='ingest', python_callable=ingest_data)
```

```python
    transform = PythonOperator(task_id='transform',
python_callable=transform_data)

    validate = PythonOperator(task_id='validate',
python_callable=validate_data)


    ingest >> transform >> validate
```

2. Calidad de Datos

python

```python
import pandas as pd


data = pd.DataFrame({
    "id": [1, 2, 3, None],
    "value": [100, 200, 300, 400]
})


# Verificando valores ausentes
missing_values = data.isnull().sum()
if missing_values.any():
    print(f"Missing values detected: {missing_values}")


# Eliminando duplicados
data = data.drop_duplicates()
```

3. Monitoreo y Alertas

yaml

```yaml
# Configuración de monitoreo en Prometheus
global:
  scrape_interval: 15s


scrape_configs:
  - job_name: 'data_pipeline'
    static_configs:
      - targets: ['localhost:9090']
```

4. Versionado de Datos

python

```python
import dvc


# Inicializando control de versión de datos
!dvc init


# Agregando archivo al control de versión
!dvc add data/raw_data.csv


# Registrando cambios en el repositorio
!git add data/raw_data.csv.dvc .gitignore
!git commit -m "Add raw data to version control"
```

5. CI/CD para Pipelines de Datos

yaml

```yaml
# Pipeline CI/CD con GitHub Actions
name: DataOps Pipeline

on:
  push:
    branches:
      - main

jobs:
  build-test-deploy:
    runs-on: ubuntu-latest

    steps:
    - name: Checkout code
      uses: actions/checkout@v2

    - name: Set up Python
      uses: actions/setup-python@v2
      with:
        python-version: 3.9
```

```
- name: Install dependencies
  run: pip install -r requirements.txt


- name: Run data quality checks
  run: python validate_data.py


- name: Deploy pipeline
  run: python deploy_pipeline.py
```

6. Cultura Colaborativa

Una base del DataOps es promover la colaboración entre equipos. Esto puede lograrse mediante herramientas compartidas, reuniones regulares y documentación detallada.

Implementando DataOps en la Práctica

- **Paso 1: Evaluación del Estado Actual**
  Analice el estado de sus pipelines, identificando cuellos de botella, procesos manuales y oportunidades de automatización.

- **Paso 2: Elección de Herramientas**
  Seleccione herramientas específicas según las necesidades del pipeline:

    o   Orquestación: Apache Airflow, Prefect, Dagster

    o   Monitoreo: Prometheus, Grafana

- o   Calidad de datos: Great Expectations, dbt

- o   Versionado: DVC, Git

- **Paso 3: Automatización Inicial**
  Automatice tareas con scripts o herramientas ETL incluyendo validaciones de calidad y monitoreo.

- **Paso 4: Iteración Continua**
  Implemente cambios de forma incremental y pruebe cada uno antes de pasarlos a producción.

- **Paso 5: Monitoreo Continuo**
  Configure alertas para detectar rápidamente fallas y aplicar correcciones.

Desafíos y Soluciones en DataOps

- **Resistencia al Cambio**
  Adopte entrenamiento continuo y promueva la integración entre áreas técnicas y de negocio.

- **Integración con Sistemas Legados**
  Utilice conectores e integradores para conectar sistemas antiguos con pipelines modernos.

- **Escalabilidad**
  Diseñe arquitecturas basadas en la nube para responder a aumentos de volumen con elasticidad automática.

DataOps es una metodología poderosa que combina automatización, colaboración y prácticas ágiles para transformar la gestión de datos. Al implementar DataOps, las organizaciones pueden aumentar la eficiencia, mejorar la calidad de los datos y acelerar la entrega de insights. Los ingenieros de datos que adoptan estas prácticas están a la vanguardia de la innovación, creando pipelines robustos que responden a las demandas crecientes de un mundo orientado por los datos.

CAPÍTULO 21. TRABAJANDO CON DATA LAKES

Los data lakes son repositorios centralizados que almacenan datos en su formato original, ya sean estructurados, semiestructurados o no estructurados. Diseñados para manejar grandes volúmenes de datos provenientes de diversas fuentes, los data lakes ofrecen flexibilidad y escalabilidad para satisfacer las necesidades modernas de análisis, aprendizaje automático y aplicaciones orientadas por datos. Este capítulo aborda estrategias prácticas para organizar, gestionar y acceder a datos no estructurados en data lakes.

¿Qué es un Data Lake?

Un data lake es una solución de almacenamiento que permite guardar y organizar datos de cualquier tipo y volumen, sin necesidad de transformarlos previamente. A diferencia de los data warehouses, que requieren esquemas rígidos y estructuras predefinidas, los data lakes están diseñados para almacenar datos en estado bruto, permitiendo que las transformaciones y análisis se realicen bajo demanda.

Principales atributos de un data lake:

- **Schema-on-Read:** la estructura de los datos se define al momento del acceso, no al momento del almacenamiento.

- **Alta Escalabilidad:** diseñados para crecer con el volumen de datos.

- **Flexibilidad:** capacidad de almacenar formatos como JSON, XML, CSV, imágenes, videos y logs.

- **Costo Reducido:** utilizan sistemas de almacenamiento económicos como Amazon S3 y Google Cloud Storage.

Diferencias Entre Data Lakes y Data Warehouses

Característica	Data Lake	Data Warehouse
Formato de Datos	Estructurados, semiestructurados, brutos	Estructurados
Procesamiento	Esquema en la lectura	Esquema en la escritura
Costo	Menor costo por GB	Mayor costo por GB
Finalidad	Exploración, machine learning	Reportes, análisis estructurado
Performance	Alta para volumen bruto	Alta para consultas estructuradas

Componentes de un Data Lake

- **Capa de Ingesta:** captura datos desde APIs, sistemas legados, sensores IoT y bases de datos.

- **Capa de Almacenamiento:** guarda los datos en bruto en sistemas escalables como Amazon S3, Google Cloud Storage o Azure Data Lake.

- **Capa de Procesamiento:** transforma y organiza los datos para hacerlos útiles en análisis.

- **Capa de Seguridad y Gobernanza:** controla el acceso, define políticas de retención y monitorea el cumplimiento.

- **Capa de Consumo:** proporciona acceso para análisis, machine learning y reportes.

Implementación de Data Lakes
Configurando la Capa de Almacenamiento

python

```python
import boto3

# Configurando el cliente S3
s3_client = boto3.client('s3', region_name='us-east-1')

# Creando un bucket para el data lake
s3_client.create_bucket(Bucket='my-data-lake')

# Subiendo archivos al data lake
s3_client.upload_file('local_data.json', 'my-data-lake', 'raw_data/local_data.json')
```

Organización de Datos en el Data Lake

bash

s3://my-data-lake/raw_data/

s3://my-data-lake/cleaned_data/

s3://my-data-lake/curated_data/

- **Raw Layer:** datos en su formato original.

- **Cleaned Layer:** datos depurados de inconsistencias y duplicados.

- **Curated Layer:** datos organizados y optimizados para análisis.

Ingesta de Datos

python

```python
import boto3

glue_client = boto3.client('glue', region_name='us-east-1')

# Ejecutando un job ETL en Glue
response = glue_client.start_job_run(JobName='my_etl_job')
print(response)
```

Procesamiento de Datos

python

```python
from pyspark.sql import SparkSession
```

```
spark =
SparkSession.builder.appName("DataLakeProcessing").getOrCre
ate()
```

```
# Cargando datos desde S3
```

```
raw_data = spark.read.json("s3://my-data-lake/raw_data/
local_data.json")
```

```
# Limpieza y transformación
```

```
cleaned_data = raw_data.filter(raw_data['value'].isNotNull())
```

```
# Guardando resultados
```

```
cleaned_data.write.parquet("s3://my-data-lake/cleaned_data/
transformed_data.parquet")
```

Gobernanza de Datos

python

```python
import boto3
```

```python
iam_client = boto3.client('iam', region_name='us-east-1')
```

```python
policy = {
    "Version": "2012-10-17",
    "Statement": [
```

```
{
    "Effect": "Allow",
    "Action": "s3:GetObject",
    "Resource": "arn:aws:s3:::my-data-lake/cleaned_data/*"
  }
 ]
}
```

```
iam_client.create_policy(PolicyName='DataLakeReadOnly',
PolicyDocument=json.dumps(policy))
```

Consumo de Datos en el Data Lake
Consultas Directas con SQL

```sql
sql
SELECT product_name, SUM(sales) AS total_sales
FROM "my-data-lake"."cleaned_data"
WHERE sale_date > '2024-01-01'
GROUP BY product_name
ORDER BY total_sales DESC;
```

Integración con Herramientas de BI

Conecte Tableau o Power BI directamente a los datos en S3, BigQuery o Redshift.

Uso en Machine Learning

python

```
from sklearn.model_selection import train_test_split
from sklearn.ensemble import RandomForestRegressor

# Cargando datos limpios
data = spark.read.parquet("s3://my-data-lake/cleaned_data/
transformed_data.parquet").toPandas()

# Entrenando modelo
X = data.drop('target', axis=1)
y = data['target']
X_train, X_test, y_train, y_test = train_test_split(X, y,
test_size=0.2, random_state=42)

model = RandomForestRegressor()
model.fit(X_train, y_train)
```

Desafíos y Soluciones en la Gestión de Data Lakes

- **Datos Redundantes:** aplique deduplicación automática y control de calidad para evitar costos innecesarios.

- **Performance:** utilice formatos como Parquet y particionamiento de datos para mejorar el rendimiento.

- **Seguridad:** implemente cifrado en tránsito y en reposo, control de accesos y monitoreo de actividad.

Los data lakes ofrecen una solución poderosa y flexible para almacenar, organizar y analizar grandes volúmenes de datos no estructurados. Con prácticas robustas de ingestión, procesamiento, gobernanza y consumo, los ingenieros de datos pueden aprovechar todo el potencial de estos repositorios. La adopción de estrategias bien diseñadas para trabajar con data lakes asegura que las organizaciones estén preparadas para responder a las crecientes demandas de un mundo orientado por los datos.

CAPÍTULO 22. RENDIMIENTO Y ESCALABILIDAD DE CONSULTAS SQL

La optimización y el ajuste de rendimiento de consultas SQL son elementos esenciales en la gestión eficiente de bases de datos. A medida que los volúmenes de datos aumentan, consultas mal diseñadas pueden provocar problemas significativos de rendimiento, como tiempos de respuesta elevados, uso excesivo de recursos y cuellos de botella en el sistema. Este capítulo explora estrategias y técnicas prácticas para mejorar el rendimiento y la escalabilidad de consultas SQL, garantizando que los sistemas puedan manejar demandas crecientes.

Importancia de la Optimización de Consultas SQL

Consultas SQL optimizadas aseguran que los recursos de hardware y software se utilicen de manera eficiente, reduciendo costos operativos y mejorando la experiencia del usuario. Una base de datos bien ajustada puede procesar millones de transacciones simultáneamente sin comprometer la integridad de los datos ni el tiempo de respuesta.

Beneficios de Consultas Optimizadas

- **Reducción de Costos:** minimiza el uso de CPU, memoria y I/O.

- **Mejora del Tiempo de Respuesta:** consultas más rápidas resultan en procesos más eficientes.

- **Escalabilidad:** sistemas optimizados manejan mejor el crecimiento de los datos.

- **Mantenimiento Simplificado:** consultas bien diseñadas son más fáciles de entender, depurar y ajustar.

Principales Técnicas de Optimización de Consultas

1. Selección de Índices

sql

```
-- Crear un índice en una columna frecuentemente consultada
CREATE INDEX idx_customer_last_name ON customers (last_name);


-- Índice compuesto
CREATE INDEX idx_customer_city_state ON customers (city, state);
```

Consideraciones al Usar Índices

- Aceleran lecturas pero pueden desacelerar escrituras (INSERT, UPDATE, DELETE).

- Evite índices en columnas con alta cardinalidad de valores únicos, como ID.

- Use covering indexes cuando una consulta requiere múltiples columnas.

2. Evitar SELECT *

sql

```
-- Evitar esto:
SELECT * FROM orders;
```

```
-- Usar esto:
SELECT order_id, order_date, customer_id FROM orders;
```

3. Uso Apropiado de Cláusulas

sql

```
-- Filtrar y limitar resultados
SELECT order_id, total_amount
FROM orders
WHERE order_date > '2024-01-01'
LIMIT 100;
```

4. Normalizar y Desnormalizar con Criterio

- Use **normalización** para consistencia en sistemas con muchas escrituras.

- Use **desnormalización** para reducir JOINs en sistemas de lectura intensiva.

5. Evitar Funciones en Columnas de Filtro

sql

```
-- No recomendado:
SELECT * FROM orders WHERE YEAR(order_date) = 2024;
```

```
-- Recomendado:
SELECT * FROM orders WHERE order_date >= '2024-01-01' AND order_date < '2025-01-01';
```

6. Optimizar JOINs

sql

```
-- JOIN con índices adecuados
SELECT o.order_id, c.customer_name
FROM orders o
INNER JOIN customers c ON o.customer_id = c.customer_id;
```

7. Analizar el Plan de Ejecución

sql

```
-- EXPLAIN para analizar cómo se ejecutará la consulta
EXPLAIN SELECT * FROM orders WHERE order_date > '2024-01-01';
```

8. Particionamiento de Tablas

sql

```
-- Crear tabla particionada
CREATE TABLE sales (
    sale_id INT,
    sale_date DATE,
    amount DECIMAL
) PARTITION BY RANGE (sale_date) (
    PARTITION p2024 VALUES LESS THAN ('2024-01-01'),
    PARTITION p2025 VALUES LESS THAN ('2025-01-01')
);
```

9. Uso de Caches Siempre que Sea Posible

sql

```
-- Vista materializada para reducir carga
CREATE MATERIALIZED VIEW monthly_sales AS
SELECT MONTH(order_date) AS month, SUM(total_amount) AS total_sales
FROM orders
GROUP BY MONTH(order_date);
```

Monitoreo de Rendimiento
Métricas Importantes

- **Tiempo de Ejecución**

- **Número de Filas Procesadas**

- **Uso de Índices**

- **Tasa de I/O**

Herramientas de Monitoreo

- **MySQL:** SHOW PROCESSLIST

- **PostgreSQL:** pg_stat_statements

- **SQL Server:** SQL Server Management Studio (SSMS)

Escalabilidad de Consultas SQL

1. Sharding
Divida datos grandes en múltiples bases distribuidas.

2. Réplicas de Lectura
sql

```sql
-- Configuración en MySQL
CHANGE MASTER TO
MASTER_HOST='master_host',
MASTER_USER='replica_user',
```

```
MASTER_PASSWORD='replica_password';
START SLAVE;
```

3. Balanceadores de Carga
Distribuyen consultas entre múltiples servidores.

Buenas Prácticas

- Audite consultas regularmente.

- Documente ajustes y sus motivos.

- Pruebe cambios en ambientes de test antes de llevar a producción.

- Eduque a su equipo sobre patrones eficientes de consulta.

Optimizar el rendimiento y la escalabilidad de consultas SQL es esencial para que los sistemas de base de datos respondan efectivamente a las demandas crecientes de negocios orientados por datos. Aplicar las estrategias descritas en este capítulo mejora significativamente el tiempo de respuesta y eficiencia, al tiempo que reduce costos y fortalece la capacidad para manejar volúmenes crecientes de información. Los ingenieros de datos que dominan estas prácticas están mejor preparados para diseñar y mantener soluciones robustas y escalables en cualquier entorno.

CAPÍTULO 23. VISUALIZACIÓN DE DATOS PARA INGENIERÍA

La visualización de datos es una parte esencial del trabajo de los ingenieros de datos. Transformar información compleja en gráficos claros y objetivos no solo facilita la comprensión, sino que también mejora la comunicación entre equipos técnicos y no técnicos. Este capítulo explora herramientas y buenas prácticas para mostrar resultados de manera eficaz, ayudando a los ingenieros a contar historias impactantes a través de los datos.

Importancia de la Visualización de Datos

Visualizar datos no es solo una cuestión estética; es una habilidad técnica que permite extraer insights, identificar patrones y tomar decisiones informadas. Gráficos y dashboards bien diseñados ayudan a simplificar conjuntos de datos complejos, haciéndolos accesibles para todos los stakeholders.

Beneficios de la Visualización

- **Comprensión Rápida:** permite interpretar grandes volúmenes de datos con agilidad.

- **Identificación de Patrones:** facilita el hallazgo de tendencias y anomalías.

- **Toma de Decisiones:** proporciona soporte visual para justificar decisiones estratégicas.

- **Enganche:** los gráficos bien elaborados son más atractivos e intuitivos.

Principios de Visualización de Datos

Claridad

python

```
# Ejemplo de gráfico claro con Matplotlib
import matplotlib.pyplot as plt

categories = ['A', 'B', 'C']
values = [25, 40, 35]

plt.bar(categories, values)
plt.title('Distribución de Categorías')
plt.xlabel('Categorías')
plt.ylabel('Valores')
plt.show()
```

Consistencia
Usa colores, fuentes y estilos uniformes en todos los gráficos para crear una experiencia visual coherente.

Contexto

Incluye etiquetas, leyendas y títulos descriptivos que ayuden a comprender rápidamente el significado del gráfico.

Elección Adecuada de Gráficos

- **Barras:** comparaciones entre categorías.

- **Líneas:** tendencias en el tiempo.

- **Dispersión:** relaciones entre dos variables.

- **Mapa de Calor:** representaciones densas como correlaciones.

python
```python
# Ejemplo de mapa de calor con Seaborn
import seaborn as sns
import numpy as np
import matplotlib.pyplot as plt


data = np.random.rand(5, 5)
sns.heatmap(data, annot=True, cmap='coolwarm')
plt.title('Mapa de Calor')
plt.show()
```

Herramientas para Visualización de Datos

Matplotlib

python

```python
import matplotlib.pyplot as plt


x = [1, 2, 3, 4, 5]
y = [10, 20, 25, 30, 35]


plt.plot(x, y, marker='o')
plt.title('Gráfico de Línea Simple')
plt.xlabel('Eje X')
plt.ylabel('Eje Y')
plt.grid()
plt.show()
```

Seaborn

python

```python
import seaborn as sns
import pandas as pd
import matplotlib.pyplot as plt


data = pd.DataFrame({
    'edad': [22, 25, 29, 30, 35, 40],
    'salario': [2000, 3000, 4000, 5000, 7000, 8000]
})
```

```python
sns.scatterplot(data=data, x='edad', y='salario', hue='salario',
size='salario')
```

```python
plt.title('Relación entre Edad y Salario')
```

```python
plt.show()
```

Plotly

python

```python
import plotly.express as px

data = {
    'Categoría': ['A', 'B', 'C'],
    'Valor': [10, 15, 20]
}

fig = px.pie(data, names='Categoría', values='Valor',
title='Gráfico de Torta Interactivo')
fig.show()
```

Tableau

Herramienta profesional para dashboards interactivos y análisis visual compartido.

Power BI

Opción muy usada en entornos corporativos para informes conectados a bases de datos.

D3.js
Librería JavaScript para visualizaciones altamente personalizadas e interactivas.

Buenas Prácticas en la Visualización de Datos

Conoce a tu Audiencia
Profesionales técnicos valoran gráficos detallados; ejecutivos prefieren visuales resumidas y de alto nivel.

Elige el Gráfico Correcto

- **Barras:** comparaciones directas.

- **Líneas:** evolución temporal.

- **Dispersión:** correlaciones.

Uso Inteligente del Color

python

```python
# Gráfico de torta con colores destacados
import matplotlib.pyplot as plt


labels = ['Completado', 'En Proceso', 'Retrasado']
sizes = [50, 30, 20]
```

```
colors = ['#4CAF50', '#FFC107', '#F44336']


plt.pie(sizes, labels=labels, colors=colors, autopct='%1.1f%%',
startangle=140)
plt.title('Estado de Proyectos')
plt.axis('equal')
plt.show()
```

Simplifica la Visualización

Evita elementos innecesarios como líneas de cuadrícula redundantes o etiquetas excesivas.

Agrega Información Contextual

Cuando sea relevante, proporciona detalles adicionales o enlaces a datos complementarios.

Dashboards Interactivos

Los dashboards son herramientas clave para monitoreo en tiempo real y presentación integrada de análisis. Herramientas como Tableau, Power BI y Dash permiten construir dashboards conectados a múltiples fuentes de datos.

Creando un Dashboard con Dash

python

```python
import dash
from dash import dcc, html
from dash.dependencies import Input, Output
import plotly.express as px
import pandas as pd


# Datos de ejemplo
data = pd.DataFrame({
    'Mes': ['Ene', 'Feb', 'Mar', 'Abr'],
    'Ventas': [100, 200, 300, 400]
})


# Aplicación Dash
app = dash.Dash(__name__)


app.layout = html.Div([
    html.H1("Dashboard de Ventas"),
    dcc.Graph(id='grafico-ventas'),
    dcc.Dropdown(
        id='dropdown-mes',
        options=[{'label': mes, 'value': mes} for mes in data['Mes']],
        value='Ene'
    )
])
```

```
@app.callback(
    Output('grafico-ventas', 'figure'),
    [Input('dropdown-mes', 'value')]
)
def actualizar_grafico(mes_seleccionado):
    df_filtrado = data[data['Mes'] == mes_selecionado]
    fig = px.bar(df_filtrado, x='Mes', y='Ventas', title=f'Ventas en {mes_selecionado}')
    return fig


if __name__ == '__main__':
    app.run_server(debug=True)
```

Integración de Visualizaciones con Ingeniería de Datos

Las visualizaciones no son solo el resultado final de un pipeline; también pueden guiar decisiones en tiempo real y facilitar ajustes en los procesos. Integra visualización directamente en los pipelines para reportes continuos y monitoreo automatizado.

Desafíos y Soluciones en la Visualización de Datos

- **Datos Defectuosos:** implementa validaciones en el pipeline para evitar mostrar información incorrecta.

- **Sobrecarga Visual:** reduce el número de elementos y

enfoca en lo esencial.

- **Fuentes Diversas:** usa procesos ETL para consolidar datos correctamente.

La visualización de datos es un componente indispensable en la ingeniería de datos, permitiendo comunicar información compleja de forma clara y efectiva. Con herramientas modernas y prácticas bien definidas, los ingenieros de datos pueden transformar números en narrativas poderosas, dotando a las organizaciones de insights que impulsan decisiones estratégicas. Dominar la visualización eleva el impacto del trabajo técnico, conectando el análisis con resultados tangibles y accesibles.

CAPÍTULO 24. DESAFÍOS Y TENDENCIAS EN LA INGENIERÍA DE DATOS

La ingeniería de datos está en constante evolución, adaptándose a las demandas de un mundo cada vez más orientado por los datos. Nuevas tecnologías, volúmenes crecientes de información y expectativas elevadas de eficiencia y precisión transforman continuamente las prácticas y roles de los ingenieros de datos. Este capítulo aborda los desafíos que enfrenta actualmente la ingeniería de datos, así como las tendencias que moldearán el futuro del área, destacando las habilidades y herramientas necesarias para mantenerse competitivo y relevante.

Desafíos Actuales en la Ingeniería de Datos

1. Crecimiento Exponencial de los Datos

El volumen de datos generados globalmente crece de forma exponencial, impulsado por fuentes como dispositivos IoT, redes sociales, transacciones financieras y aplicaciones en tiempo real. Este crecimiento presenta desafíos significativos para el almacenamiento, procesamiento y análisis.

Solución

El almacenamiento en la nube escalable, como Amazon S3,

Google Cloud Storage y Azure Blob Storage, ofrece recursos flexibles para manejar grandes volúmenes de datos. Tecnologías como Apache Kafka permiten una ingesta eficiente en tiempo real.

python

```python
# Configurando la ingesta de datos con Kafka
from kafka import KafkaProducer

producer = KafkaProducer(bootstrap_servers='localhost:9092')

data = b'{"sensor_id": 101, "temperature": 22.5}'
producer.send('iot_topic', data)
producer.close()
```

2. Integración de Datos desde Fuentes Diversas

La heterogeneidad en los formatos de datos es otro desafío. Datos estructurados, semiestructurados y no estructurados deben integrarse para ofrecer una visión unificada.

Solución

Herramientas ETL como Apache Nifi y AWS Glue automatizan la transformación e integración de datos, garantizando consistencia y calidad.

python

```python
# Usando AWS Glue para integrar datos
import boto3

glue_client = boto3.client('glue', region_name='us-east-1')
response = glue_client.start_job_run(JobName='etl_job')
```

```
print(response)
```

3. Garantía de Calidad de Datos

Datos incompletos, inconsistentes o incorrectos afectan negativamente los análisis y decisiones. Garantizar la calidad a lo largo del pipeline es fundamental.

Solución

Plataformas como Great Expectations permiten implementar verificaciones automáticas de calidad.

python

```
from great_expectations.core.batch import BatchRequest
from great_expectations.data_context import DataContext


context = DataContext()


batch_request = BatchRequest(
    datasource_name="my_datasource",
    data_connector_name="default_inferred_data_connector_name",
    data_asset_name="my_data.csv"
)


results = context.run_checkpoint(
    checkpoint_name="my_checkpoint",
    batch_request=batch_request
```

```
)
print(results)
```

4. Escalabilidad de Pipelines

Sistemas distribuidos y pipelines escalables son esenciales para satisfacer las crecientes demandas de rendimiento y confiabilidad.

Solución

Herramientas como Apache Spark y Kubernetes son ampliamente utilizadas para construir pipelines escalables.

python

```
from pyspark.sql import SparkSession


spark =
SparkSession.builder.appName("ScalablePipeline").getOrCreate(
)
data = spark.read.csv("large_dataset.csv", header=True,
inferSchema=True)
processed_data = data.filter(data['value'] > 100)
processed_data.write.parquet("output.parquet")
```

5. Seguridad y Cumplimiento

Con regulaciones como GDPR y LGPD, proteger datos sensibles y garantizar el cumplimiento legal es una prioridad crítica.

Solución

Implementar cifrado, control de acceso y auditorías periódicas en los pipelines.

python

```python
from cryptography.fernet import Fernet

key = Fernet.generate_key()
cipher_suite = Fernet(key)

data = b"Sensitive data"
encrypted_data = cipher_suite.encrypt(data)
print(encrypted_data)
```

Tendencias Emergentes en la Ingeniería de Datos

1. DataOps

DataOps aplica principios de DevOps a la ingeniería de datos, promoviendo la automatización, colaboración y monitoreo continuo de pipelines.

Beneficios

- Reducción de errores manuales.

- Mayor eficiencia operativa.

Herramientas

Airflow, Prefect y dbt son fundamentales para implementar DataOps.

python

```
# Ejemplo de DAG en Airflow
from airflow import DAG
from airflow.operators.python_operator import
PythonOperator
from datetime import datetime

def extract_data():
    print("Extrayendo datos...")

with DAG('dataops_dag', start_date=datetime(2024, 1, 1),
schedule_interval='@daily') as dag:
    task = PythonOperator(task_id='extract',
python_callable=extract_data)
```

2. Data Mesh

Data Mesh descentraliza la arquitectura de datos, asignando responsabilidades de dominio a los equipos que generan los datos.

Beneficios

- Reducción de cuellos de botella en equipos centrales.

- Escalabilidad organizacional.

3. Machine Learning en Pipelines de Datos

La integración del aprendizaje automático en pipelines permite automatización avanzada e insights en tiempo real.

Herramientas

MLflow y TFX (TensorFlow Extended) son ampliamente usados para orquestar pipelines de machine learning.

python

```python
import mlflow
from sklearn.ensemble import RandomForestClassifier


mlflow.start_run()
model = RandomForestClassifier()
model.fit(X_train, y_train)
mlflow.sklearn.log_model(model, "random_forest_model")
mlflow.log_metric("accuracy", model.score(X_test, y_test))
mlflow.end_run()
```

4. Almacenamiento de Datos en Tiempo Real

Los data lakes y data warehouses están evolucionando para soportar análisis en tiempo real con tecnologías como Apache Hudi y Delta Lake.

Beneficios

- Procesamiento en tiempo real para decisiones rápidas.

python

```python
from delta.tables import DeltaTable
from pyspark.sql import SparkSession


spark =
```

```
SparkSession.builder.appName("DeltaLake").getOrCreate()
delta_table = DeltaTable.forPath(spark, "/delta-table-path")
delta_table.update("value < 100", {"value": "value * 2"})
```

5. Uso de IA para Calidad y Gobernanza de Datos

La inteligencia artificial se está utilizando para detectar anomalías, completar datos faltantes y sugerir estructuras optimizadas.

Habilidades Necesarias para el Futuro de la Ingeniería de Datos

- **Dominio de Herramientas Cloud:** experiencia con AWS, Azure y Google Cloud.

- **Conocimiento en DevOps y DataOps:** familiaridad con CI/CD, automatización y orquestación.

- **Análisis y Aprendizaje Automático:** capacidad para integrar algoritmos en pipelines.

- **Habilidades de Comunicación:** traducir insights técnicos en mensajes claros para stakeholders.

La ingeniería de datos está atravesando una transformación acelerada, impulsada por volúmenes de datos crecientes, nuevas tecnologías y mayores expectativas. Adoptar las tendencias y enfrentar los desafíos descritos en este capítulo permitirá a los ingenieros de datos mantenerse relevantes en un campo dinámico y en constante evolución. Invertir en habilidades, herramientas y metodologías emergentes será esencial para liderar proyectos de datos que transformen organizaciones y generen impacto duradero.

CAPÍTULO 25. ESTUDIO DE CASO COMPLETO

El desarrollo de un pipeline de datos completo es una demostración práctica de las habilidades y conocimientos abordados a lo largo de este manual. Este capítulo presenta un estudio de caso detallado que cubre todas las etapas necesarias para construir un pipeline funcional, desde la ingesta de datos hasta la entrega de insights accionables. El pipeline será desarrollado en un entorno moderno, utilizando herramientas ampliamente adoptadas en la industria, como Python, Apache Airflow, AWS S3 y herramientas de visualización.

Escenario del Estudio de Caso

Una empresa de comercio electrónico desea crear un pipeline de datos para analizar el comportamiento de los clientes. El objetivo es recolectar datos de compras realizadas en el sitio web, procesarlos para generar reportes sobre tendencias de ventas e identificar patrones de comportamiento de los clientes.

Requisitos del Pipeline

- **Ingesta de Datos:** los datos de compras serán extraídos desde una API REST y guardados en un data lake en Amazon S3.

- **Procesamiento:** los datos serán limpiados, transformados y agregados para análisis.

- **Almacenamiento:** los datos transformados serán almacenados en una base de datos Redshift para consultas rápidas.

- **Análisis y Visualización:** los resultados serán mostrados en dashboards interactivos para facilitar la toma de decisiones.

Etapa 1: Configuración del Entorno

Herramientas Necesarias

- Python: para implementar scripts y automatizaciones.

- Apache Airflow: para orquestar el pipeline.

- Amazon S3: para almacenamiento de datos en bruto.

- Amazon Redshift: para almacenar y consultar datos transformados.

- Tableau: para crear dashboards interactivos.

Instalación del Entorno

bash

Instalando los paquetes necesarios

```
pip install boto3 pandas apache-airflow psycopg2
```

Etapa 2: Ingesta de Datos

python

```python
import requests
import boto3
import json


def ingest_data_to_s3():
    # Recolectando datos desde la API
    response = requests.get("https://api.ecommerce.com/purchases")
    data = response.json()

    # Guardando datos en un archivo JSON
    with open("purchases.json", "w") as file:
        json.dump(data, file)

    # Subiendo el archivo a S3
    s3_client = boto3.client('s3', region_name='us-east-1')
    s3_client.upload_file("purchases.json", "ecommerce-data-lake", "raw/purchases.json")


ingest_data_to_s3()
```

Etapa 3: Procesamiento de Datos

python

```python
import pandas as pd

def process_data():
    # Cargando los datos en bruto
    data = pd.read_json("purchases.json")

    # Eliminando duplicados
    data = data.drop_duplicates()

    # Filtrando datos inconsistentes
    data = data[data['amount'] > 0]

    # Creando columnas agregadas
    data['total'] = data['amount'] * data['quantity']

    # Guardando datos transformados
    data.to_csv("transformed_purchases.csv", index=False)

process_data()
```

Etapa 4: Carga en Redshift

python

```python
import psycopg2

def load_to_redshift():
    # Conectando a Redshift
    conn = psycopg2.connect(
        dbname="ecommerce",
        user="admin",
        password="password",
        host="redshift-cluster.amazonaws.com",
        port="5439"
    )
    cursor = conn.cursor()

    # Creando tabla
    cursor.execute("""
        CREATE TABLE IF NOT EXISTS purchases (
            id INT,
            product_name VARCHAR(255),
            amount FLOAT,
            quantity INT,
            total FLOAT
        )
    """)
```

```python
# Cargando datos a Redshift
with open("transformed_purchases.csv", "r") as file:
    cursor.copy_expert("COPY purchases FROM STDIN WITH CSV HEADER", file)

conn.commit()
conn.close()

load_to_redshift()
```

Etapa 5: Orquestación con Apache Airflow

python

```python
from airflow import DAG
from airflow.operators.python_operator import PythonOperator
from datetime import datetime

def ingest_data():
    ingest_data_to_s3()

def process_data_task():
    process_data()

def load_data_task():
```

```
load_to_redshift()

# Definiendo el DAG
with DAG(
    dag_id="ecommerce_pipeline",
    start_date=datetime(2024, 1, 1),
    schedule_interval="0 6 * * *",
) as dag:
    ingest_task = PythonOperator(task_id="ingest_data",
python_callable=ingest_data)
    process_task = PythonOperator(task_id="process_data",
python_callable=process_data_task)
    load_task = PythonOperator(task_id="load_data",
python_callable=load_data_task)


    ingest_task >> process_task >> load_task
```

Etapa 6: Visualización de Datos

Los datos cargados en Redshift se utilizarán para crear dashboards interactivos en Tableau, mostrando métricas como:

- Ventas Totales por Mes

- Productos Más Vendidos

- Ingresos por Región

Monitoreo y Mantenimiento

Para garantizar la confiabilidad del pipeline, implemente monitoreo continuo y alertas ante fallas.

Monitoreo con Amazon CloudWatch

Configure registros para rastrear el rendimiento y errores del pipeline.

Desafíos y Soluciones

- **Latencia en la Ingesta de Datos**
  Solución: use ingesta en tiempo real con Apache Kafka.

- **Calidad de Datos**
  Solución: agregue validaciones al pipeline usando Great Expectations.

- **Escalabilidad**
  Solución: migre a una arquitectura basada en servicios gestionados como AWS Glue y Redshift Spectrum.

El desarrollo de un pipeline completo demuestra la importancia de un enfoque estructurado y el uso de herramientas modernas para resolver problemas reales de negocio. Este estudio de caso ofrece una visión práctica de cómo los ingenieros de datos pueden transformar datos en bruto en insights valiosos, capacitando a las organizaciones a tomar decisiones informadas. Al dominar estas etapas y herramientas, estarás preparado para enfrentar los desafíos más complejos de la ingeniería de datos.

CONCLUSIÓN FINAL

El recorrido por la ingeniería de datos presentado en este libro fue cuidadosamente estructurado para ofrecer una visión amplia, práctica y técnica sobre los principales aspectos de esta área en constante evolución. En este último capítulo, recapitular los aprendizajes es esencial para consolidar el conocimiento adquirido y reflexionar sobre cómo aplicar estas habilidades en el mundo real. Además, esta conclusión destaca la importancia de la ingeniería de datos como pilar fundamental para las organizaciones y reconoce el esfuerzo del lector por explorar y dominar este campo.

Resumen General

Capítulo 1: Introducción a la Ingeniería de Datos
Iniciamos con una visión general de la ingeniería de datos, destacando su relevancia en el escenario actual. Se abordó cómo la explosión de datos ha transformado esta disciplina en un área estratégica para las empresas, explorando conceptos fundamentales, responsabilidades del ingeniero y el impacto del trabajo en la toma de decisiones basadas en datos.

Capítulo 2: Python y SQL en el Contexto de la Ingeniería de Datos
Exploramos la poderosa combinación de Python y SQL para manipulación y análisis de datos. Se mostró cómo integrar estas herramientas en pipelines con ejemplos prácticos.

Capítulo 3: Fundamentos de Bases de Datos Relacionales y No

Relacionales

Se presentaron comparaciones entre bases de datos relacionales y no relacionales, destacando casos de uso y arquitecturas. PostgreSQL y MongoDB fueron ejemplificados.

Capítulo 4: Estructuras de Datos y Algoritmos para Ingeniería de Datos

Se exploraron conceptos fundamentales de estructuras como listas, árboles y tablas hash, junto con algoritmos esenciales para procesamiento y optimización.

Capítulo 5: Modelado de Datos

Se abordaron técnicas de modelado desde esquemas normalizados hasta estrategias de desnormalización, con ejemplos de diagramas entidad-relación.

Capítulo 6: Introducción a ETL (Extract, Transform, Load)

Se presentó el proceso ETL, sus etapas y herramientas como Apache Nifi y AWS Glue, junto con buenas prácticas para construir pipelines robustos.

Capítulo 7: Automatización de Pipelines de Datos con Python

Exploramos cómo automatizar pipelines usando Python y frameworks como Apache Airflow, con scripts prácticos.

Capítulo 8: Consultas Avanzadas en SQL

Se detallaron técnicas como subconsultas, índices y optimización para maximizar el rendimiento en bases de datos.

Capítulo 9: Integración de Datos en Entornos Híbridos

Se discutieron estrategias para integrar bases de datos locales y en la nube, destacando herramientas como AWS DMS.

Capítulo 10: Trabajo con Datos en Tiempo Real

Se abordó el concepto de procesamiento en tiempo real, utilizando herramientas como Apache Kafka y AWS Kinesis.

Capítulo 11: Data Warehousing

Se presentó la construcción de almacenes de datos con Redshift y Snowflake, y estrategias para análisis históricos.

Capítulo 12: Monitoreo y Optimización de Pipelines

Se discutió cómo identificar cuellos de botella y optimizar el desempeño usando herramientas como Prometheus.

Capítulo 13: Seguridad y Gobernanza de Datos

Se exploraron políticas de acceso, encriptación y conformidad con normativas como GDPR y LGPD.

Capítulo 14: Ingeniería de Datos en Entornos de Big Data

Se explicó el uso de Hadoop y Spark para procesar grandes volúmenes de datos, con ejemplos distribuidos.

Capítulo 15: Integración con APIs y Web Services

Se discutió cómo consumir datos externos mediante APIs REST y SOAP, con ejemplos prácticos en Python.

Capítulo 16: Machine Learning e Ingeniería de Datos

Se exploró la preparación de datos para aprendizaje automático, destacando técnicas de limpieza y transformación.

Capítulo 17: Pruebas Automatizadas en Pipelines de Datos

Se detallaron estrategias para implementar pruebas unitarias e integradas para asegurar confiabilidad.

Capítulo 18: CI/CD para Ingeniería de Datos

Se aplicaron prácticas de integración y entrega continua al contexto de datos, con ejemplos de pipelines CI/CD.

Capítulo 19: Arquitectura de Datos en la Nube

Se mostró cómo construir pipelines escalables en AWS y Google Cloud, con estrategias de almacenamiento y procesamiento.

Capítulo 20: Introducción a DataOps

Se exploró cómo aplicar prácticas de DevOps a los datos para mejorar colaboración y automatización.

Capítulo 21: Trabajo con Data Lakes

Se presentaron estrategias para organizar datos no estructurados en data lakes usando Amazon S3.

Capítulo 22: Rendimiento y Escalabilidad de Consultas SQL

Se abordaron técnicas de optimización de consultas SQL, creación de índices y particionamiento de tablas.

Capítulo 23: Visualización de Datos para Ingeniería

Se destacaron herramientas como Matplotlib, Seaborn y Tableau para crear visualizaciones efectivas.

Capítulo 24: Desafíos y Tendencias en la Ingeniería de Datos

Se discutieron tendencias emergentes como DataOps y desafíos como la calidad y escalabilidad de datos.

Capítulo 25: Estudio de Caso Completo

Se desarrolló un pipeline completo de principio a fin, consolidando todos los aprendizajes anteriores.

Reflexión

La ingeniería de datos está en el centro de las transformaciones digitales y la innovación organizacional. Como campo interdisciplinario, conecta la informática, la estadística y los negocios para crear soluciones que convierten datos brutos en información valiosa. Lo que diferencia a un ingeniero de datos exitoso es su capacidad para aplicar principios sólidos a problemas complejos, utilizando las herramientas y prácticas más avanzadas para ofrecer resultados escalables y confiables.

Al dominar los conceptos presentados en este libro, el lector está preparado para enfrentar los desafíos del mercado y contribuir activamente al crecimiento de su organización. La práctica continua, combinada con la adopción de nuevas tecnologías, garantizará que el aprendizaje se traduzca en resultados prácticos e impactantes.

Gracias por embarcarte en esta jornada de aprendizaje y exploración. Tu dedicación para completar este manual demuestra un compromiso admirable con tu desarrollo personal y profesional. Espero que este libro haya sido una fuente valiosa de conocimiento e inspiración para ti.

La ingeniería de datos es un área dinámica y desafiante, y ya has dado un paso importante para destacarte en ella. Continúa explorando, aprendiendo y aplicando las habilidades adquiridas. El futuro de la ingeniería de datos es brillante, y tú tienes las herramientas para moldearlo.

Cordialmente,
Diego Rodrigues & Equipo

www.ingramcontent.com/pod-product-compliance
Lightning Source LLC
Chambersburg PA
CBHW071421050326
40689CB00010B/1932